Marcio Ballem de Souza

SPRING DATA JPA

Persistência Simples e Eficaz

EDITORA CIÊNCIA MODERNA

Spring Data JPA – Persistência Simples e Eficaz

Editor: Paulo André P. Marques
Produção Editorial: Dilene Sandes Pessanha
Capa: Daniel Jara
Diagramação: Lucia Quaresma
Copidesque: Equipe Ciência Moderna

FICHA CATALOGRÁFICA

SOUZA, Marcio Ballem de.

Spring Data JPA – Persistência Simples e Eficaz

Rio de Janeiro: Editora Ciência Moderna Ltda., 2018.

1. Informática 2. Linguagem de Programação
I — Título

ISBN: 978-85-399-0944-5 CDD 001.642
005.133

Editora Ciência Moderna Ltda.
R. Alice Figueiredo, 46 – Riachuelo
Rio de Janeiro, RJ – Brasil CEP: 20.950-150
Tel: (21) 2201-6662/ Fax: (21) 2201-6896
E-MAIL: LCM@LCM.COM.BR
WWW.LCM.COM.BR **02/18**

SOBRE O AUTOR

Marcio Ballem de Souza é bacharel em Sistemas de Informação pelo Centro Universitário Franciscano (UNIFRA) e pós-graduado em Aplicações para a Web pela Universidade Federal do Rio Grande (FURG).

Possui experiência profissional com desenvolvimento na linguagem de programação Java desde 2009, além de ser um programador Java certificado pela Oracle (OCPJP 6). Mantém o blog Programando com Java, no endereço eletrônico `http://www.mballem.com`, onde compartilha seu conhecimento sobre Java.

Ganhou experiência como escritor escrevendo diversos artigos sobre tecnologias Java para duas das revistas mais conceituadas no mercado brasileiro, Java Magazine e Easy Java Magazine, publicadas pela editora DevMedia, na qual também atua como consultor e instrutor de cursos online sobre Java.

Em 2015 publicou seu primeiro livro, "Desvendando o MongoDB - Do Mongo Shell ao Java Driver", pela editora Ciência Moderna. A publicação teve como foco estimular o leitor a usar o banco de dados MongoDB e como utilizá-lo junto ao Java.

SUMÁRIO

PREFÁCIO

O Spring Framework é um dos mais antigos, vitoriosos e importantes frameworks dentro da linguagem Java. Por muitos anos, quando algo novo era lançado ou uma nova JSR seria anunciada, frases como "Agora o Spring está com os dias contados" ou "Agora o Spring vai acabar" surgiam em algum tipo de debate sobre Java. Mas, na verdade, a cada ano que passa o Spring Framework se solidifica mais e mais, surpreendendo com novos recursos e sendo abraçado por novos adeptos.

Como desenvolvedor Java, utilizo o Spring desde 2009, quando ainda estava na versão 2.5, a qual era baseada em arquivos XML para qualquer tipo de configuração que fosse necessária. Mas desde 2010, com o lançamento da versão 3.0, o Spring passou a ser configurável também por anotações e código Java, o que tornou seu uso mais simplificado e atual.

Talvez o recurso mais famoso do Spring Framework seja o conceito de Injeção de Dependências (DI) e Inversão de Controle (IoC). Entretanto, outro recurso bastante utilizado é a integração com o Hibernate ORM e a especificação JPA 2 para persistência de dados.

O Spring fornece diferentes formas para esta integração, por exemplo, você pode criar sua própria classe que cria a SessionFactory do Hibernate ou usar uma fornecida pelo Spring. Pode criar sua própria EntityManagerFactory ou também trabalhar com uma classe já implementada pelo Spring. Há ainda outras maneiras de se lidar com persistência junto ao Spring como as baseadas em templates: HibernateTemplate e JdbcTemplate.

Isto mostra que os desenvolvedores do Spring Framework sempre estiveram em busca de oferecer recursos para diferentes gostos e objetivos, conforme a necessidade de cada programador e seus projetos. Sendo assim, talvez o mais novo recurso de persistência do Spring Framework a ser lançado seja o Spring Data.

O Spring Data pode ser considerado uma família de projetos que tem como objetivo principal lidar com persistência de dados de forma mais fácil do que já tínhamos até então. Esta família é composta por subprojetos como o Spring Data MongoDB, Spring Data REST, Spring Data Redis, Spring Data for Apache Cassandra, entre outros, e não menos importante, o tópico principal deste livro, o Spring Data JPA.

Assim, bem como o nome sugere, o Spring Data JPA é direcionado a aplicações que vão trabalhar com bancos de dados relacionais e que usem na camada de persistência algum framework de mapeamento objeto-relacional que siga a especificação JPA 2 (JSR-317).

Se você está acostumado a seguir o padrão Data Access Object (DAO), onde precisa criar interfaces e depois implementar cada um dos métodos em classes concretas, vai ter uma grata surpresa ao conhecer o Spring Data JPA. O qual fornece alguns métodos já desenvolvidos para operações básicas de CRUD como também um suporte interessante para a paginação de dados.

E mais, quando você quiser criar seus próprios métodos, adicione apenas a assinatura deles em uma interface do tipo Repository que o Spring Data JPA se encarregará do resto. Mas mesmo assim, se preferir implementar esses métodos por conta própria, em uma classe concreta, faça isso com Query by Example ou mesmo com a API Criteria da JPA.

O ponto mais importante sobre o Spring Data JPA é que ele é um recurso que está disponível para facilitar o dia a dia do desenvolvedor, mas ele não limita o programador a única forma de alcançar este objetivo. Com ele é possível criar consultas por JPQL, NamedQuery, NativeQuery, Query by Example, API Criteria e por uma estrutura denominada Keywords, talvez um dos pontos mais interessantes deste projeto.

Público Alvo e Requisitos

Esta obra é dedicada a todos os estudantes e profissionais da área de desenvolvimento de aplicações Web que buscam ampliar seus conhecimentos na linguagem Java, tomando como apoio o Spring Data JPA, um recurso de grande ajuda na persistência em bancos de dados relacionais.

Como requisitos, é importante que o leitor já tenha conhecimento em Java e de recursos como Hibernate ORM, JPA 2 e Spring Framework para um melhor entendimento do conteúdo abordado por esta obra.

O Que Este Livro Aborda

Este livro tem como foco principal apresentar o Spring Data JPA. Desse modo, será demonstrada a configuração necessária para uso da ferramenta bem como as diferentes formas de trabalhar com consultas usando diversas técnicas como Query By Example, JPQL, Criteria e Keywords. Além disso, serão abordados outros dois tópicos interessantes como o recurso de Auditoria de dados e Multi-Tenancy integrados ao Spring Data JPA.

Capítulo 1 - Introdução

Capítulo inicial que introduz alguns conceitos sobre Spring Framework, Spring Data e o Spring Data JPA.

Capítulo 2 - Configuração do Spring Data JPA

Explica e exemplifica via listagem de código como configurar o Spring Data JPA de forma programática (baseada em código Java). Como também, apresenta as bibliotecas necessárias para uso do Spring Data JPA.

Capítulo 3 - Lidando com Entidades

Demonstra como trabalhar com classes de entidades no Spring Data JPA. O framework oferece recursos próprios que podem ser úteis durante o mapeamento dessas classes, facilitando assim, o dia a dia do desenvolvedor.

Capítulo 4 - Repositórios

Talvez o capítulo mais importante do livro, onde serão apresentados os conceitos e exemplificadas, via listagem de código, as diferentes formas de lidar com operações de CRUD junto aos repositórios do Spring Data JPA.

Capítulo 5 - Lidando com Transações

Explica o sistema padrão de transações utilizado pelo Spring Data JPA e como ele pode ser alterado com o uso da anotação **`@Transactional`**.

Capítulo 6 - Consultas via Specifications

O capítulo aborda o padrão de projetos Specifications, usado pelo Spring Data JPA como um recurso para aqueles que desejam, por exemplo, criar suas consultas baseadas na API Criteria da especificação JPA 2.

Capítulo 7 - Auditoria

Neste capítulo será apresentado o recurso de Auditoria do Spring Data JPA. Auditoria é um tipo de log que registra nas tabelas do banco de dados informações como: o usuário e as datas de alterações feitas por este usuário em qualquer entidade.

Capítulo 8 - Multi-Tenancy

O capítulo explica e exemplifica como trabalhar com o sistema de múltiplos bancos de dados junto ao Spring Data JPA.

Capítulo 9 - Um pouco mais sobre...

Este capítulo apresenta alguns recursos extras que podem ser úteis durante o desenvolvimento de um projeto com o Spring. Entre eles, conexão com suporte JNDI no servidor Tomcat e paginação dinâmica via Ajax com o framework Dandelion.

Os capítulos deste livro foram divididos de forma a abranger os mais importantes tópicos sobre o Spring Data JPA. O leitor não vai ver um passo a passo de como construir uma aplicação do zero, mas sim, os conceitos e exemplos práticos de operações que podem vir a ser necessários dentro de uma aplicação que usará o Spring Data JPA. Ao final de sua leitura, terá a habilidade necessária para trabalhar em um projeto que tenha como camada de persistência o Spring Data JPA.

Capítulo 1

Introdução

O Spring Framework é um dos mais populares e poderosos frameworks dentro da linguagem Java. Ele não se limita a um único recurso, mas sim, a uma larga variedade de funcionalidades que fazem parte do dia a dia de um programador Java no desenvolvimento de aplicações.

Suas funcionalidades mais famosas talvez sejam o seu módulo Web, conhecido por Spring MVC e o núcleo principal do Spring que provê o conceito de injeção de dependências e inversão de controle.

Programar utilizando o Spring Framework não se limita apenas a usar um ou mais de seus recursos, mas também fazer uso das boas práticas e padrões de projetos, os quais aumentam a produtividade, facilitam a manutenção e atualização do código bem como o reuso, princípio básico da orientação a objetos.

Definir o Spring Framework sempre é uma tarefa difícil, pois ele cobre tantos conceitos que é quase impossível dizer especificamente o que ele faz. Você pode definir o Hibernate como um framework ORM e explicar exatamente sua função, ou pode conceituar o Apache Struts 2 com relação com relação ao padrão MVC. Mas definir o Spring Framework realmente não é fácil.

Na documentação, o Spring é citado como um framework leve, projetado para a construção de aplicativos Java. Ser considerado leve tem o sentido referente a você realizar apenas algumas poucas alterações no código de sua aplicação para obter seus benefícios.

Uma característica marcante do Spring Framework é a possibilidade de integração com bibliotecas, especificações Java e diversos frameworks como o Hibernate, Apache Struts, JasperReports, Dandelion, Direct Web Remoting (DWR), JavaServer Faces (JSF 2), entre outros.

Um conceito importante sobre o Spring Framework está diretamente ligado à injeção de dependências e inversão de controle. Cada classe que será gerenciada por esse sistema recebe o nome de *bean*. A partir de *beans* você usa diversas classes e interfaces do Spring e também pode criar seus próprios *beans* para serem gerenciados pelo framework e assim, não precisa mais se preocupar em criar a instância de seus objetos sempre que precisar deles, o Spring fará isso por você.

O SPRING DATA

Persistência com banco de dados é algo bem comum no mundo da programação Web. É praticamente impossível pensar em um projeto que não realize de alguma forma o acesso a uma base de dados.

Inicialmente, no Java, as operações com banco de dados eram realizadas exclusivamente via API JDBC. Com o passar do tempo, surgiu o conceito de mapeamento objeto relacional, conhecido como ORM. Assim, vários frameworks ORM foram lançados, como o EclipseLink, TopLink, MyBatis, entre outros, e o mais famoso deles, o Hibernate.

Embora o Spring não seja um framework ORM ele proporciona a integração com esses recursos. Se já é fácil trabalhar com persistência de dados usando, por exemplo, o Hibernate, quando ele é integrado ao Spring Framework fica ainda mais simples.

Porém, os desenvolvedores do Spring não estavam satisfeitos e pensaram em algo ainda mais produtivo. Foi então elaborado o projeto Spring Data, baseado nos conceitos de Design Pattern Repository.

O Spring Data pode ser chamado de projeto principal, o qual contém subprojetos tais como: Spring Data JPA, Spring Data MongoDB, Spring Data REST, Spring Data Redis, entre outros.

O Spring Data é baseado em um grupo principal de interfaces que aparecem em todos seus subprojetos. Entretanto, em alguns desses subprojetos existe uma interface mais específica para o uso de tal recurso, como: **JpaRepository** no Spring Data JPA e **MongoRepository** no Spring Data MongoDB. As interfaces consideradas principais são as: **Repository**, **CrudRepository** e **PagingAndSortingRepository**.

O Spring Data JPA

Embora o Spring Data tenha inúmeros subprojetos, este livro terá como foco apenas o Spring Data JPA, que fornece o acesso a banco de dados relacionais via JPA.

A JPA é uma especificação Java (JSR-317) que foi desenvolvida para padronizar o acesso, métodos de persistência e o gerenciamento de dados entre os objetos Java e bancos de dados relacionais (MySQL, H2, Oracle, Derby DB, DB2, HSQL DB, ...).

Deste modo, a camada de persistência em uma aplicação Java, que seja baseada na especificação, pode ser usada por qualquer framework ORM que seja especificado pela JSR. Isto permite que o código-fonte desta camada não sofra qualquer alteração se houver a necessidade de mudar de framework ORM. Ou seja, se você usa o EclipseLink e em algum momento precisa passar a utilizar o Hibernate, está garantindo que seu código não sofrerá alterações.

Seguindo este mesmo princípio, para trabalhar com o Spring Data JPA é necessário também integrá-lo a um framework ORM que siga a especificação JPA.

Um framework ORM não é nada mais do que uma camada de acesso a dados que implementa a API JDBC. E seu objetivo é fornecer uma espécie de intercâmbio entre um banco de dados relacional e objetos Java. Assim, é possível que o programador trabalhe de forma 100% orientada a objetos, sem que ele precise lidar diretamente em seu código com tabelas, linhas e colunas de um banco de dados. Esta responsabilidade fica por conta do framework ORM que também pode ser chamado de provedor (Provider) quando usado junto ao Spring Framework.

Muitas vezes, palavras não são suficientes para se entender o quanto o Spring Data JPA torna simples o acesso a dados. Então, observe o código da **Listagem 1.1**, uma classe que usa os métodos da especificação JPA para localizar no banco de dados uma lista de pessoas pelo critério de idade.

Listagem 1.1: Repositório com instruções JPA

```
@Repository
public class PessoaRepository {

    @PersistenceContext
    private EntityManager entityManger;

    public List<Pessoa> findByIdade(Integer idade) {

        String query = "from Pessoa p where p.idade = :idade";

        return entityManger
                .createQuery(query, User.class)
                .setParameter("idade", idade)
                .getResultList();
        }
}
```

A classe **PessoaRepository**, do código-fonte apresentado, possui um método chamado **findByIdade()**, o qual recebe como parâmetro um inteiro que representa uma idade qualquer selecionada em algum ponto da aplicação. No corpo deste método existe uma variável chamada **query**, a qual é do tipo **String**. Esta variável contém uma consulta JPQL que seleciona todas as pessoas com a idade equivalente ao valor do parâmetro **idade**.

A consulta é processada pelo método **createQuery()** do objeto **entityManager**. E o parâmetro **idade** é adicionado ao **setParameter()**, método responsável por incluir este valor a clausula **where** da consulta JPQL.

Por fim, **getResultList()** retorna a lista de pessoas referentes a idade selecionada. Este é o processo básico para realizar uma consulta via JPA. Veja que o código, embora seja simples, exige uma determinada quantidade de ações para obter o resultado desejado.

Agora é possível analisar o código fonte da **Listagem 1.2**. Ele possui uma consulta com a mesma finalidade do código anterior, porém, desta vez, usando o Spring Data JPA:

Listagem 1.2: Repositório com instruções via Spring Data JPA

```
public interface PessoaRepository extends JpaRepository<Pessoa, Long> {

   List<Pessoa> findByIdade(Integer idade);
}
```

Veja que, ao invés de uma classe, foi utilizada uma interface e ela estende a interface **JpaRepository** do Spring Data JPA. Desta forma, marcamos **PessoaRepository** como uma interface gerenciada pelo Spring.

O método **findByIdade()** não tem corpo, já que estamos lidando com uma interface. E onde devemos então, implementar o corpo desde método? Na verdade em lugar algum. Isto mesmo, com o uso do Spring Data JPA não precisamos criar o corpo de nossos métodos, o próprio Spring Data faz isso para nós em tempo de execução. Não ficou muito mais simples e rápido do que o código da **Listagem 1.1**? Com certeza ficou.

Contudo, você deve estar se perguntando: "Como o Spring vai criar o corpo do método em tempo de execução?".

Na verdade, o corpo do método não é desenvolvido pelo Spring Data. O que acontece é que o Spring Data usa um processo baseado em palavras-chaves para interpretar o que a consulta precisa localizar no banco de dados.

Todos os métodos incluídos em uma interface do tipo **`JpaRepository`**, deve seguir um modelo de nomes que usa certas palavras-chave (*keywords*) que são processadas pelo Spring Data.

Então, o método **`findByIdade()`** é analisado mais ou menos da seguinte forma: é dito que temos uma consulta pelas palavras **`findBy`**. E que esta consulta tem como critério uma idade, pela palavra-chave **`Idade`**.

Vamos ver mais sobre esta técnica a partir do capítulo 4, mas basicamente, temos o método de consulta já finalizado e pronto para ser usado a qualquer momento.

> JPQL (Java Persistence Query Language) tem uma sintaxe muito semelhante à do SQL. Entretanto, o SQL trabalha diretamente com tabelas e colunas de bancos de dados relacionais, enquanto que a JPQL trabalha com classes e atributos do Java. Por isso então, a JPQL é considerada uma consulta orientada a objetos.

Conclusão

O capítulo apresentado foi bem simples e curto, embora importante para a introdução do assunto que será explorado durante todo este livro.

Tenha certeza que você já tem conhecimento, mesmo que básico, de Java, JPA e do Spring Framework para seguir em frente com sua leitura. Isto porque, conceitos básicos destes três itens não serão explicados a não ser de modo superficial.

Capítulo 2

CONFIGURAÇÃO DO SPRING DATA JPA

O Spring Data JPA é um recurso que precisa ser configurado junto ao Spring Framework para que possa ser usado em um projeto. Essa configuração não é complicada, mas necessária, porque a partir dela são adicionadas as informações de conexão com o banco de dados, qual provedor vai ser usado, entre algumas mais que veremos a frente.

Outra parte importante são as bibliotecas que o Spring Data precisa para trabalhar. Existem algumas formas diferentes de adicionar estas bibliotecas em um projeto Java, eu particularmente prefiro usar um gerenciador de dependências como o Maven e, será desta forma que vou apresentá-las no decorrer deste livro.

A primeira dependência, ou biblioteca, que será apresentada é a do próprio Spring Data JPA. No momento em que estava escrevendo esta obra, a versão mais atual era a **1.11.1.RELEASE**, conforme descrito a seguir:

```
<!-- Spring Data JPA -->
<dependency>
    <groupId>org.springframework.data</groupId>
    <artifactId>spring data-jpa</artifactId>
    <version>1.11.1.RELEASE</version>
</dependency>
```

A dependência acima vai fornecer todas as classes e interfaces que são necessárias para lidar com o Spring Data JPA. Porém, é preciso definir qual provedor será utilizado.

Neste ponto, você pode escolher qualquer framework ORM que siga a especificação JPA. Particularmente, eu gosto muito de trabalhar com o Hibernate, então as dependências necessárias são as seguintes:

```
<!-- Hibernate Core -->
<dependency>
    <groupId>org.hibernate</groupId>
    <artifactId>hibernate-core</artifactId>
    <version>5.2.8.Final</version>
</dependency>

<!-- Hibernate JPA -->
<dependency>
    <groupId>org.hibernate</groupId>
    <artifactId>hibernate-entitymanager</artifactId>
    <version>5.2.8.Final</version>
</dependency>
```

Temos aqui o **hibernate-core** que vai entregar todos os recursos do Hibernate Framework ORM. Já o **hibernate-entitymanager** é responsável por fornecer os recursos de integração entre o Hibernate e a especificação JPA.

Com estas três dependências já é possível colocar o Spring Data JPA para funcionar em um projeto. Faltaria aqui, pelo menos mais duas dependências, o driver de conexão com o banco de dados escolhido para seu projeto e um pool de conexões, caso necessite de um. Então, como exemplo, serão incluídas as dependências do MySQL Connector (*driver*) e do BoneCP (*connection pool*).

```
<!-- MySQL Database -->
<dependency>
    <groupId>mysql</groupId>
    <artifactId>mysql-connector-java</artifactId>
    <version>5.1.40</version>
</dependency>

<!-- BoneCP -->
<dependency>
    <groupId>com.jolbox</groupId>
    <artifactId>bonecp</artifactId>
    <version>0.8.0.RELEASE</version>
</dependency>
```

> Maven é uma ferramenta da Apache para automação de builds em projetos Java. Com o Maven é possível configurar, por meio de um arquivo XML, o ambiente de desenvolvimento de forma padronizada, permitindo um mecanismo de compilação, gerenciamento de dependências e distribuição de artefatos (WAR | JAR).

CONFIGURAÇÃO PROGRAMÁTICA

No Spring Framework é possível, desde a versão 3.0, configurar recursos via código Java e anotações. Este modelo de configuração pode ser chamado de programático, enquanto a forma mais antiga de configuração, anterior a versão 3.0, era realizada especificamente por meio de arquivos do tipo XML.

Embora o uso de XML ainda seja possível nas atuais versões do Spring, a abordagem explorada neste livro será totalmente por meio de configuração programática.

Desta forma, uma classe que contém a configuração programática do Spring Data JPA precisa mais ou menos de três métodos para estar concluída.

Além disso, no topo da classe é necessário adicionar anotações responsáveis por habilitar alguns recursos do Spring Framework e do Spring Data JPA. Então, observe a **Listagem 2.1** que contém a assinatura da classe de configuração e algumas anotações.

LISTAGEM 2.1: CLASSE DE CONFIGURAÇÃO SPRINGDATACONFIG

```
package com.mballem.livro.config;

import org.springframework.context.annotation.Configuration;
import org.springframework.data.jpa.repository.config.EnableJpaRepositories;
import org.springframework.transaction.annotation.EnableTransactionManagement;

@Configuration
@EnableJpaRepositories("com.mballem.livro.repository")
@EnableTransactionManagement
public class SpringDataConfig {

    // métodos de configurações serão adicionados aqui.
}
```

Analisando o código da classe **SpringDataConfig**, note que existem três anotações sobre a assinatura desta classe. Cada uma destas anotações tem um objetivo bem específico que é:

- ✔ **@Configuration** - é uma anotação do Spring Framework que marca a classe como sendo uma classe de configuração. Este tipo de classe será uma das primeiras a ser inicializada pelo Spring para liberar os recursos que estão configurados nela;

- ✔ **@EnableJpaRepositories** - esta anotação tem dois objetivos. O primeiro é habilitar, ou dizer ao Spring Framework, que os recursos do Spring Data JPA serão usados em tal projeto. O segundo é informar em qual pacote da aplicação estarão as interfaces que vão representar os repositórios do Spring Data JPA, ou seja, a camada de persistência de seu projeto;

- ✔ **@EnableTransactionManagement** - a função desta anotação é habilitar no Spring o controle transacional com o banco de dados. Deste modo, o Spring é quem será o responsável em lidar com as transações;

- ✔ **@Bean** - embora esta anotação ainda não tenha sido apresentada no código, ela será muito importante. Sua função é transformar um método, presente em uma classe, em um *bean* gerenciado pelo

Spring Framework. Isto é importante para o processo de injeção de dependências e inversão de controle do framework.

A partir de agora, serão apresentados, individualmente, os métodos que fazem parte da classe **SpringDataConfig**. O primeiro recurso que deve ser configurado é o DataSource, o qual fornece a fonte de dados para o Spring (**Listagem 2.2**).

Listagem 2.2: Método dataSource()

```
@Bean
public DataSource dataSource() {

    BoneCPDataSource ds = new BoneCPDataSource();

    ds.setUser("root");
    ds.setPassword("root");
    ds.setJdbcUrl("jdbc:mysql://localhost/livro-spring-db");
    ds.setDriverClass("com.mysql.jdbc.Driver");
    return ds;
}
```

Veja que método **dataSource()** está configurado com as informações básicas de uma conexão com um banco de dados. Estas informações são especificamente o usuário e senha de acesso, mais a URL e a classe do driver de conexão. Observe que no topo da assinatura do método foi incluída a anotação **@Bean**, para torná-lo um objeto gerenciado pelo Spring.

Para criar o recurso do DataSource foi usada a classe **com.jolbox.bonecp.BoneCPDataSource**, a qual é proveniente do driver de conexão BoneCP, referente a uma das dependências do Maven que foi apresentada anteriormente.

Por fim, o método tem um objeto **javax.sql.DataSource** retornado. Este objeto será importante para criar o recurso da JPA.

Seguindo em frente, o próximo método - **Listagem 2.3** - é o responsável por criar a fábrica de gerenciamento de entidades via JPA. Esse será o recurso que vai adicionar o Hibernate como sendo o framework ORM utilizado.

LISTAGEM 2.3: MÉTODO ENTITYMANAGERFACTORY()

```
@Bean
public EntityManagerFactory entityManagerFactory() {

    LocalContainerEntityManagerFactoryBean factory =
              new LocalContainerEntityManagerFactoryBean();

    HibernateJpaVendorAdapter vendorAdapter =
              new HibernateJpaVendorAdapter();
    vendorAdapter.setGenerateDdl(false);
    vendorAdapter.setShowSql(true);

    factory.setDataSource(dataSource());
    factory.setJpaVendorAdapter(vendorAdapter);
    factory.setPackagesToScan("com.mballem.livro.entity");
    factory.afterPropertiesSet();

    return factory.getObject();
}
```

Analisando o método **entityManagerFactory()**, veja que há uma instancia de **LocalContainerEntityManagerFactoryBean**. Esta classe faz parte do Spring Framework e, pode ser encontrada no pacote **org.springframework.orm.jpa**.

A partir de seus métodos são configurados os recursos necessários para o Spring Data lidar com o JPA. O primeiro deles é a instrução para vincular o DataSource com a EntityManagerFactory, neste caso o **setDataSource()**.

Logo após, é informado o provedor que vai ser aplicado a este recurso via método **setJpaVendorAdapter()**. Nesse caso, a instancia da classe **HibernateJpaVendorAdapter** realiza este trabalho, a qual faz parte do pacote **org.springframework.orm.jpa.vendor**. Esta instancia fornece o acesso aos métodos **setGenerateDdl()** e **setShowSql()**.

Respectivamente, o primeiro foi configurado como **false**, o que significa que o esquema do banco de dados não será gerado pelo Hibernate. Altere para **true** se existir essa necessidade.

Já o segundo método, é o responsável por escrever no log as instruções SQL geradas pelo Hibernate. Caso seja **false**, essas instruções são omitidas do log.

Já o método **setPackagesToScan()**, recebe como parâmetro o pacote da aplicação que contém os mapeamentos do tipo objeto-relacional. Essa informação é essencial para o Hibernate junto a JPA saber onde se encontram os mapeamentos entre as classes de entidades e as tabelas do banco de dados. Caso não seja adicionada ou o local esteja errado, uma exceção será lançada.

Ainda há o método **afterPropertiesSet()**, acessado a partir da variável **factory** a ser analisado. Este método é necessário para que o **EntityManagerFactory** só seja criado após todas as configurações terem sido carregadas, caso contrário, uma exceção será lançada.

E por fim, o objeto **factory** retorna um objeto do tipo **javax.persistence.EntityManagerFactory** via método **getObject()**.

Caso outras propriedades, vinculadas ao Hibernate, precisem ser incluídas à configuração por qualquer motivo adicional, use os métodos **setJpaProperties()** ou **setJpaPropertyMap()** para esta finalidade.

O último método a ser analisado é o **transactionManager()** presente na **Listagem 2.4**. Nele serão configurados dois recursos a partir da instancia da classe **JpaTransactionManager**, encontrada no pacote **org.springframework.orm.jpa**.

LISTAGEM 2.4: MÉTODO TRANSACTIONMANAGER()

```
@Bean
public PlatformTransactionManager transactionManager() {

    JpaTransactionManager manager = new JpaTransactionManager();
    manager.setEntityManagerFactory(entityManagerFactory());
    manager.setJpaDialect(new HibernateJpaDialect());

    return manager;
}
```

Se você está lembrado, no topo da classe **SpringDataConfig** foi adicionada uma anotação que passa para o Spring o controle transacional das operações com o banco de dados.

Agora, é necessário informar o que será gerenciado, ou seja, o objeto que vai lidar com as interações no banco de dados. Este objeto é o retorno do recurso criado no método **entityManagerFactory()**, o qual deve ser adicionado como parâmetro de **setEntityManagerFactory()** da variável **manager**.

Já o **setJpaDialect()**, acessível via **manager**, indica ao controle transacional qual o dialeto do banco de dados que ele está lidando. A instancia da classe **HibernateJpaDialect** identifica automaticamente este dialeto a partir do banco de dados configurado.

> Um dialeto serve para o Hibernate se comunicar com um banco de dados específico e, realizar algum tipo de tarefa, por exemplo, estruturar uma consulta SELECT. Embora o SQL seja uma linguagem padrão entre os bancos de dados relacionais, cada SGBD tem suas particularidades e diferenças, assim, configurar o dialeto especifica ao Hibernate as particularidades do SGBD que está sendo usado.

Com os três métodos apresentados, mais as anotações no topo da classe, a configuração programática do Spring Data JPA está concluída.

Conclusão

Durante este capítulo foram apresentadas as bibliotecas ou dependências básicas do Maven para inicar os trabalhos com o Spring Data JPA.

É claro que você vai precisar de bibliotecas adicionais para desenvolver um projeto completo, como do Spring Framework, Spring MVC entre outras.

Além das dependências, foi demonstrado como criar a classe de configuração para usar os recursos do Spring Data JPA. Este processo é simples e muito similar na maioria dos projetos, mas poderá haver algumas pequenas diferenças em relação à lógica, nome de métodos e recursos usados como o provedor ou pool de conexão.

O importante é entender o objetivo de cada método e instrução apresentada para que então, você seja capaz de alterar o código ou os recursos da forma que achar mais apropriada.

LIDANDO COM ENTIDADES

CAPÍTULO 3

O conceito de entidades é bem simples de ser compreendido e nasceu nos bancos de dados relacionais. Todas as bases de dados são formadas por tabelas e estas, por linhas e colunas, onde cada linha é considerada uma entidade.

Em uma aplicação Java, preparada para trabalhar com um framework ORM, é preciso realizar o mapeamento objeto relacional. Este mapeamento é a forma como o framework vai referenciar uma tabela no banco de dados com a classe que a representa na aplicação.

E cada coluna da tabela vai ter uma referência na classe que será um atributo (variável de instância). Assim, cada classe da aplicação que referencia uma tabela no banco de dados é chamada de classe de entidade. Isto porque, uma classe vai ser a instância de um objeto que será persistido na tabela como uma linha, ou seja, uma entidade.

Os mapeamentos podem ser feitos de duas formas, uma delas, por meio de arquivo XML. Com o lançamento da versão 5 do Java anos atrás, a linguagem passou a oferecer o uso de anotações e elas foram adicionadas como opção de mapeamento pelos frameworks ORM e também pela especificação JPA.

Por exemplo, o Hibernate tem suas próprias anotações de mapeamento, se elas forem usadas, apenas aplicações que trabalham com o Hibernate farão uso deste mapeamento.

Já, se o mapeamento for realizado com as anotações oferecidas pela especificação JPA, qualquer framework ORM poderá fazer uso deste mapeamento. Sendo assim, é sempre mais apropriado usar o sistema de mapeamento da especificação.

CLASSE ABSTRACTPERSISTABLE

Neste capítulo serão abordados dois exemplos de classes de entidades mapeadas via anotações da especificação JPA. O mapeamento é algo que não será explicado a fundo neste livro, isto porque, acredito que o leitor já deva ter experiência, mesmo que básica, com o uso deste recurso. Caso não a tenha, aconselho que busque materiais adicionais para complementar seus estudos sobre essa prática.

Há dois motivos pelos quais preciso abordar as classes de entidades, o primeiro é que precisamos delas para trabalhar com os repositórios do Spring Data.

O segundo é referente a uma classe abstrata, fornecida pelo Spring Data JPA, que minimiza a quantidade de código necessária para a implementação de cada classe de entidade.

Normalmente, este recurso é desenvolvido à parte, em projetos profissionais, o que o Spring fez foi oferecer uma implementação já pronta com o objetivo de facilitar as coisas para o programador.

A classe em questão é a **`AbstractPersistable`** e, seu uso é por meio de herança. Trabalhando com **`AbstractPersistable`**, uma classe de entidade vai herdar alguns métodos como **`getId()`** e **`setId()`**, os quais têm o atributo **`id`** já mapeado:

```
@Id
@GeneratedValue
private PK id;

public PK getId() {
        return id;
}

protected void setId(final PK id) {
        this.id = id;
}
```

Outro método interessante é o **isNew()**, o qual verifica se o valor do atributo **id** é nulo ou não, caso seja, o retorno será verdadeiro, caso contrário será falso.

Este método é útil para saber se uma entidade já foi persistida ou não. Lembre-se que toda entidade persistida já contém um identificador.

```
@Transient
public boolean isNew() {
        return null == getId();
}
```

O **toString()** também está presente em **AbstractPersistable**, assim como, os métodos **equals()** e **hashCode()**. Estes três métodos levam em consideração apenas o atributo **id** da entidade.

Se em algum momento for necessário ter uma implementação diferente em algum desses métodos citados, basta sobrescrevê-los na classe de entidade que herda estas características.

O pacote onde se encontra a classe **AbstractPersistable** é o **org.springframework.data.jpa.domain**.

CLASSES DE ENTIDADES

Agora que já foram apresentadas as informações necessárias sobre a classe **AbstractPersistable**, será demonstrado como mapear duas entidades, as quais são base de exemplos para os repositórios que serão abordados durante este livro.

A primeira classe de entidade - **Listagem 3.1** - é a **Contato**, a qual possui o mapeamento para uma tabela no banco de dados chamada **Contatos**.

LISTAGEM 3.1: CLASSE DE ENTIDADE CONTATO

```
package com.mballem.livro.entity;

import java.util.Date;
import javax.persistence.*;
import org.springframework.data.jpa.domain.AbstractPersistable;

@Entity
@Table(name = "CONTATOS")
public class Contato extends AbstractPersistable<Long> {

    @Column(name = "nome", length = 64, nullable = false)
    private String nome;

    @Column(name = "idade")
    private Integer idade;

    @Column(name = "data_cadastro")
    @Temporal(TemporalType.DATE)
    private Date dtCadastro;

    @OneToOne(cascade = CascadeType.ALL)
    @JoinColumn(name = "endereco_id", nullable = false)
    private Endereco endereco;

    @Override
    public void setId(Long id) {
        super.setId(id);
    }

    // demais métodos setters e getters foram omitidos nesta listagem.
}
```

Antes de analisar o código da classe **Contato**, é bom ressaltar que todas as anotações referentes ao mapeamento são do pacote **javax.persistence**, referente a especificação JPA.

Observe também que a entidade herda as características de **AbstractPersistable**. Por este motivo, não é necessário ter na entidade um atributo **id**, nem os métodos **toString()**, **equals()**, **hashCode()** e **getId()**.

Já o método **setId()** foi sobrescrito, o que é opcional, por ele ser originalmente, na superclasse, um método protegido. O que torna seu acesso restrito apenas à classe filha.

Outro ponto importante é informar, por meio de um *Generics*, na declaração de **AbstractPersistable**, qual o tipo de dado que representa o **id** da entidade. Neste caso, foi definido como um **Long**.

Como dito anteriormente, se você tem um conhecimento, mesmo que básico, sobre JPA ou Hibernate, vai entender perfeitamente este mapeamento. Entretanto, vou fazer uma rápida análise sobre o que há nesta classe:

- ✔ **@Entity** - esta anotação marca a classe como uma entidade gerenciada pelo framework ORM;
- ✔ **@Table** - tem algumas finalidades como: configurar o nome da tabela que a classe está mapeando e a adição de índices e *constraints*;
- ✔ **@Column** - sua função é indicar qual coluna na tabela está sendo mapeada. Caso o nome da coluna na tabela seja idêntico ao do atributo, a anotação não é necessária. Porém, é possível também adicionar informações complementares nesta anotação como: definir o tamanho da coluna, estabelecer se aceita valores nulos, entre outras opções;
- ✔ **@Temporal** - é uma anotação complementar para definir que um atributo é do tipo temporal (data e ou hora). Na tabela, a coluna também deve ser do tipo temporal (Date; DateTime; Timestamp);

✔ **@OneToOne** - esta anotação tem como finalidade mapear o relacionamento **1 - 1** entre entidades;

✔ **@JoinColumn** - indica qual o nome da chave estrangeira no relacionamento **1 - 1**.

Se **Contato** tem um relacionamento **1 - 1**, chegou o momento de conhecer o outro lado deste relacionamento, que é a entidade **Endereco**.

LISTAGEM 3.2: CLASSE DE ENTIDADE ENDERECO

```
package com.mballem.livro.entity;

import javax.persistence.*;
import org.springframework.data.jpa.domain.AbstractPersistable;

@Entity
@Table(name = "ENDERECOS")
public class Endereco extends AbstractPersistable<Long> {

    public enum TipoEndereco {
        RESIDENCIAL, COMERCIAL
    }

    @Column(name = "tipo", length = 32, nullable = false)
    @Enumerated(EnumType.STRING)
    private TipoEndereco tipoEndereco;

    @Column(name = "logradouro", length = 64, nullable = false)
    private String logradouro;

    @Column(name = "cidade", length = 64, nullable = false)
    private String cidade;

    @Column(name = "estado", length = 2, nullable = false)
    private String estado;

    @Override
    public void setId(Long id) {
        super.setId(id);
    }

    // demais métodos setters e getters foram omitidos nesta listagem.
}
```

Na classe **Endereco**, apresentada na **Listagem 3.2**, há uma nova anotação em relação às abordadas na **Listagem 3.1**. Sendo assim, vamos aprender um pouco mais sobre ela.

✔ **`@Enumerated`** - responsável pelo mapeamento de um atributo do tipo **`enum`**. Como parâmetro, esta anotação recebe o tipo de dado referente à coluna na tabela.

Agora já temos as duas classes de entidades devidamente mapeadas. Elas serão utilizadas como base para o estudo das operações de CRUD nos repositórios do Spring Data JPA.

Observe que as entidades **`Contato`** *e* **`Endereco`** *estão adicionadas no mesmo pacote informado como parâmetro ao método* **`setPackagesToScan()`** *– Listagem 2.3 – presente na configuração dos recursos da classe* **`SpringDataConfig`**.

Conclusão

Este capítulo realizou uma abordagem rápida sobre o mapeamento de entidades. Como dito, o leitor já deveria ter esse conhecimento, por este motivo, não foi um tema explorado tão profundamente.

Entretanto, o mais importante era apresentar o recurso de herança que o Spring Data JPA oferece a partir da classe **`AbstractPersistable`**.

É bom frisar que o uso desta classe é opcional e você pode ter a sua própria classe que siga esse mesmo objetivo ou mesmo ter toda a implementação diretamente em cada classe de entidade.

Capítulo 4

REPOSITÓRIOS

O Spring Data, como já abordado, fornece três interfaces principais que são: **Repository**, **CrudRepository** e **PagingAndSortingRepository**. Estas interfaces são a base para o projeto Spring Data JPA, sendo assim, é importante conhecê-las um pouco mais a fundo.

Veja na figura 4.1, a partir de um diagrama de classes, a relação entre essas três interfaces.

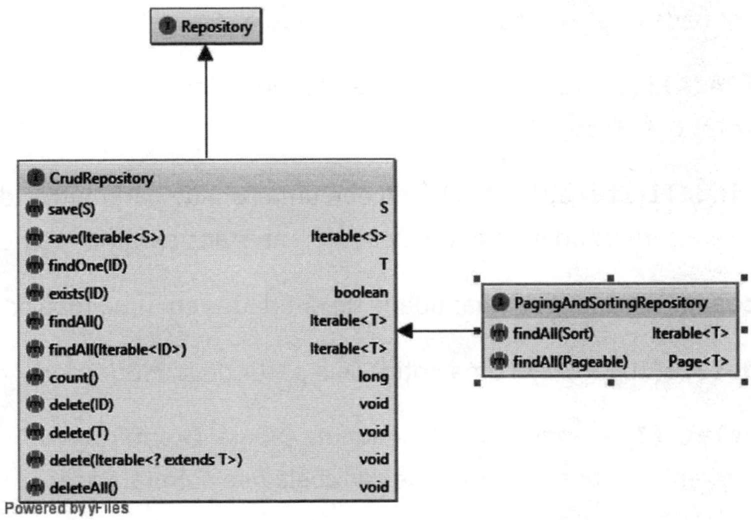

Figura 4.1: Diagrama de Classes do Spring Data

Nesta relação de interfaces, **Repository** é tida como o ponto inicial, ou a interface base que tem o objetivo de formar a infraestrutura dos repositórios no Spring Data. Já **CrudRepository**, que estende **Repository**, surge com uma lista de assinaturas de métodos.

Nesta lista, existem operações básicas para CRUD, aquelas mais comuns existentes na camada de persistência de um projeto com acesso a banco de dados. Vejamos quais são essas operações:

- ✔ **save(S)** - método para salvar uma entidade na base de dados;
- ✔ **save(Iterable<S>)** - este método insere uma lista de entidades no banco de dados, onde cada entidade desta lista é inserida por uma diferente operação de inserção;
- ✔ **findOne(ID)** - método de consulta que recebe um parâmetro ID (identificador) e retorna uma única entidade conforme a igualdade com o parâmetro;
- ✔ **exists(ID)** - pesquisa no banco de dados, via parâmetro ID, se a entidade existe ou não e retorna um booleano;
- ✔ **findAll()** - retorna todas as entidades. Consulta idêntica a um: `select * from`;
- ✔ **findAll(Iterable<ID>)** - recebe uma lista de parâmetros do tipo ID e retornar todas as entidades referentes aos parâmetros;
- ✔ **count()** - retorna a quantidade de entidades em uma tabela;
- ✔ **delete(ID)** - exclui uma entidade a partir do identificador;
- ✔ **delete(T)** - exclui uma entidade na tabela. O critério é um objeto referente à classe de entidade da tabela que sofrerá a ação;
- ✔ **delete(Iterable<? extends T>)** - recebe como critério uma lista de entidades e exclui as entidades referentes no banco de dados;

✔ **deleteAll()** - realiza uma exclusão em massa sem qualquer critério. Este método vai remover todas as entidades de uma tabela.

CRUD é uma sigla do idioma Inglês para *Create, Read, Update e Delete*. As quais são as quatro operações básicas utilizadas em um banco de dados para criar, ler, atualizar e excluir registros.

A última interface da relação é a **PagingAndSortingRepository**, a qual tem como função oferecer consultas para ordenação e paginação de dados:

✔ **findAll(Sort)** - este método retorna todas as entidades de forma ordenada por ascendência ou descendência. O critério **Sort** é o objeto que vai conter a ordenação desejada;

✔ **findAll(Pageable)** - a consulta retorna todas as entidades conforme o critério **Pageable**, um objeto que tem como finalidade paginar os dados de retorno.

Até aqui foram abordadas as interfaces do Spring Data, as quais são utilizadas como base para o projeto Spring Data JPA.

A interface JpaRepository

O Spring Data JPA é um subprojeto do Spring Data. Desta forma, as três interfaces básicas, já analisadas, são também acessíveis via Spring Data JPA.

Além disso, existe outra interface, chamada **`QueryByExampleExecutor`**, que também é estendida pela **`JpaRepository`**, conforme mostra o diagrama de classes da figura 4.2.

Assim, ao estender **`JpaRepository`** nos repositórios de um projeto, se tem acesso a uma larga quantidade de métodos já predefinidos para uso.

Pode-se notar também, que muitos desses métodos possuem o mesmo nome. Porém, a grande diferença entre eles está no tipo de retorno e na lista de argumentos.

Estas diferenças possibilitam que o desenvolvedor possa escolher entre formas distintas de lidar com suas operações de CRUD.

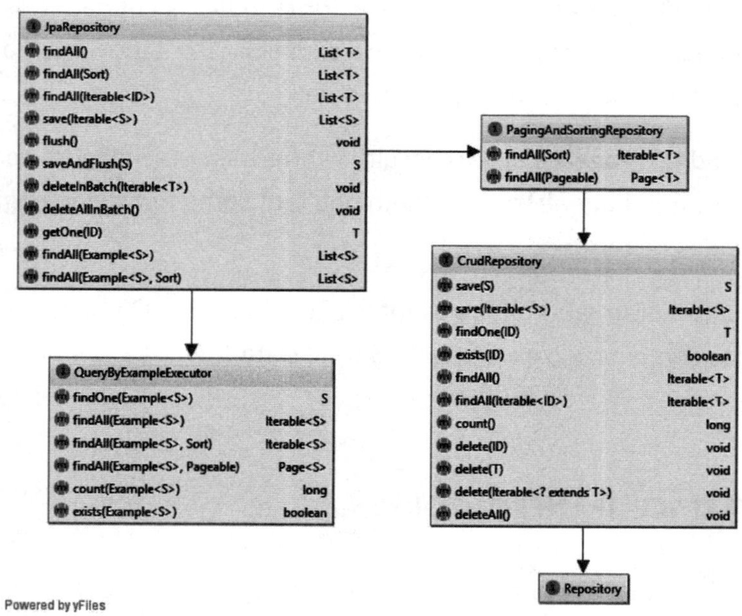

FIGURA 4.2: DIAGRAMA DE CLASSES DO SPRING DATA JPA

Analisando o diagrama de classes - figura 4.2 - a interface **QueryByExampleExecutor** fornece métodos que são voltados apenas para consultas.

Os argumentos desses métodos são objetos do tipo **Example**, proveniente do pacote **org.springframework.data.domain.Example**. Mas a **Example** pode também trabalhar em parceria com a classe **ExampleMatcher**.

Esta última fornece um pequeno grupo de métodos para definir alguns tipos de critérios em uma consulta. Esses critérios podem, por exemplo, suprimir a diferença entre letras maiúsculas e minúsculas, selecionar entidades a partir de uma sequência inicial ou final de caracteres, selecionar entidades simulando o **between** do SQL, entre outros.

Além da interface **JpaRepository** ter acesso a diversos métodos de outras interfaces, veja que ela tem suas próprias assinaturas de métodos.

Esta interface é considerada mais sofisticada que, por exemplo, a **CrudRepository**. Isto porque o retorno dos métodos que resultam em listas de entidades são do tipo **java.util.List** e não **java.lang.Iterable**.

A seguir veja a função de alguns dos métodos da **JpaRepository**:

- ✔ **findAll** - os métodos nomeados como findAll são responsáveis por retornar uma lista de entidades. Existe uma variação deles nesta interface, onde um se difere do outro pelo tipo de parâmetro que é adicionado como parte dos critérios da consulta;
- ✔ **save(Iterable<S>)** - este método recebe como parâmetro uma lista de entidades e as insere no banco de dados. Após estas operações, ele retorna um objeto **java.util.List** contendo as entidades já em estado persistente;

- ✔ **flush()** - este método tem como finalidade forçar uma atualização ou sincronizar o cache de primeiro nível do Hibernate com o que está realmente no banco de dados;
- ✔ **saveAndFlush(S)** - use este método para garantir que, ao inserir uma nova entidade no banco de dados, neste mesmo momento o cache de primeiro nível do Hibernate seja sincronizado com o banco de dados;
- ✔ **deleteInBacth(Iterable<T>)** - o método recebe como parâmetro uma lista de entidades para a exclusão na tabela. Porém, a operação de exclusão é executada em lote, ou seja, em uma única instrução de **delete**;
- ✔ **deleteAllInBatch()** - todas as entidades de uma tabela serão excluídas em uma única instrução de **delete**;
- ✔ **getOne(ID)** - retorna a referência da entidade conforme o identificador passado como critério na consulta. Este método tem a mesma função do **getReference()** da especificação JPA.

O que era necessário conhecer sobre o grupo as interfaces do tipo Repository foi abordado neste capítulo. E a partir dos próximos capítulos será demonstrado como trabalhar com os recursos provenientes dessas interfaces.

LIDANDO COM REPOSITÓRIOS

Como já visto, as interfaces do tipo Repository fornecem uma grande variedade de métodos, mas para usá-los, é necessário criar repositórios específicos.

Onde cada repositório, ou interface do tipo Repository, que se adiciona em um projeto com Spring Data JPA deve ter uma classe de entidade vinculada.

No capítulo 3, foram abordadas duas classes de entidades, a **Contato** e a **Endereco**. Então, inicialmente, será criada a interface **ContatoRepository**, conforme a **Listagem 4.1**.

Listagem 4.1: Repositório ContatoRepository

```
package com.mballem.livro.repository;

import org.springframework.data.jpa.repository.JpaRepository;
import com.mballem.livro.entity.Contato;

public interface ContatoRepository extends JpaRepository<Contato, Long> {

}
```

Já se sabe que cada repositório deve estar ligado a uma classe de entidade. Esta ligação é feita de forma simples. Ao estender a interface **JpaRepository** ela deve ser configurada com dois *Generics*.

O primeiro é a classe de entidade e é ela quem vai criar o vínculo com o repositório. O segundo é o tipo de dado que representa o **id** da classe de entidade.

Ao criar essa ligação, o Spring Data JPA vai automaticamente conhecer os atributos da entidade, assim, ele será capaz de executar as operações de CRUD apenas a partir da assinatura dos métodos.

Em **ContatoRepository** não há ainda nenhuma assinatura de método, mas já é perfeitamente possível executar operações de CRUD a partir dos métodos de **JpaRepository**. Mas, para isso, é preciso ter uma classe que faça, via injeção de dependências, o acesso ao *bean* **ContatoRepository**. Então, na **Listagem 4.2** temos a classe **ContatoService**, a qual vai fazer as chamadas aos métodos do repositório.

LISTAGEM 4.2: CLASSE CONTATOSERVICE

```
package com.mballem.livro.service;

import com.mballem.livro.entity.Contato;
import com.mballem.livro.repository.ContatoRepository;
import org.springframework.beans.factory.annotation.Autowired;
import org.springframework.stereotype.Service;

import java.util.List;

@Service
public class ContatoService {

    @Autowired
    private ContatoRepository repository;

    public void salvar(Contato contato) {
        repository.save(contato);
    }

    public Contato buscarPorId(Long id) {
        return repository.findOne(id);
    }

    public List<Contato> buscarTodos() {
        return repository.findAll();
    }
}
```

Analisando o código apresentado é necessário ressaltar dois aspectos. O primeiro é o uso da anotação **@Service**, a qual transforma a classe **ContatoService** em um *bean* gerenciado pelo Spring Framework.

O segundo é a anotação **@Autowired**, que realiza o processo de injeção de dependências entre **ContatoService** e **ContatoRepository**. Ou seja, sempre que em **ContatoService** for necessário ter um objeto inicializado de **ContatoRepository**, o Spring vai fornecê-lo.

Por este motivo, o acesso aos métodos **save()**, **findOne()** e **findAll()** são realizados diretamente pela variável **repository** sem o uso de qualquer instância.

Agora, preste atenção em cada um desses métodos e veja a função de cada um deles.

O método **salvar()** recebe como parâmetro um objeto do tipo **Contato**. Suponha que este objeto esteja vindo de um formulário qualquer presente em uma página JSP. Assim, o código interno de **salvar()** executa o método **save()** do repositório e uma entidade **contato** é inserida no banco de dados.

Veja que não existiu nenhuma complexidade de código em toda essa operação, por exemplo, abrir sessão, abrir transação, comitar ou mesmo fechar a sessão ou a transação. Essas responsabilidades ficam por conta do Spring Data, sem que você precise se preocupar com elas.

Uma particularidade do método **save()** é que ele executa tanto uma operação de inserção como de atualização. Automaticamente o Spring Data JPA vai identificar se você está alterando um registro já existente na tabela ou inserindo um novo registro. Ele identifica se a operação deve ser um **save** ou um **update** pelo **id** do objeto. Se o objeto **contato** não tem um **id**, significa que ele é uma instrução de inserção. Mas caso haja no objeto um **id** presente, a operação será de atualização.

Já o método **buscarPorId()**, recebe como parâmetro um valor do tipo **Long** e a partir do método **findOne()**, presente em **CrudRepository**, a consulta é executada para localizar um contato com a chave primária igual ao valor do parâmetro **id** informado.

Novamente, não houve complexidade alguma, apenas uma chamada simples ao método **findOne()**.

Por fim, no método **buscarTodos()** a consulta utilizada é a **findAll()**, de **JpaRepository**, a qual vai retornar uma lista com todas as linhas da tabela **Contatos**.

Até aqui foi possível ver como é simples trabalhar com operações de CRUD já presentes nas interfaces que o Spring Data e o Spring Data JPA fornecem.

Mas em alguns casos, vai ser necessário ter algum tipo a mais de código para executar algumas operações. Um exemplo disso é se você pretende usar os métodos que recebem como parâmetro um objeto do tipo **Example**, conforme demonstrado na **Listagem 4.3**.

LISTAGEM 4.3: CONSULTAS COM EXAMPLE

```
@Service
public class ContatoService {

    // código anterior omitido nesta listagem

    public List<Contato> buscarPorIdadeQBE(Integer idade) {

        Contato contato = new Contato();
        contato.setIdade(idade);
        Example<Contato> example = Example.of(contato);

        return repository.findAll(example);
    }

    public List<Contato> buscarPorNomeQBE(String nome) {

        Contato contato = new Contato();
        contato.setNome(nome);

        ExampleMatcher matcher = ExampleMatcher
                .matching()
                .withIgnoreCase()
                .withStringMatcher(ExampleMatcher.StringMatcher.ENDING);

        Example<Contato> example = Example.of(contato, matcher);

        return repository.findAll(example);
    }
}
```

O código apresentado possui dois métodos, os quais usam objetos **Example** para criar algumas regras que devem estar presentes nas consultas. Por esse motivo, é necessário trabalhar com um pouco mais de código que nas consultas anteriores.

Vamos começar analisando a consulta **buscarPorIdadeQBE()**. Veja que ela recebe como parâmetro um objeto **Integer** que faz referência ao valor de uma idade.

Internamente, foi adicionada uma sequência de instruções para criar a regra da consulta. Primeiro, foi adicionada uma instância da classe de entidade **Contato** e via método **setIdade()** foi inserida nesta instância a idade recebida via parâmetro.

Em seguida, um objeto **Example** é inicializado via método estático **of()**, que recebe como parâmetro a variável **contato**. Como na variável **contato** foi inserida a idade, a consulta vai saber que ela está sendo executada pelo critério de idade. Neste caso, vai ser retornada uma lista de entidades que correspondem ao valor do parâmetro **idade**.

Agora, conferindo o método **buscarPorNomeQBE()**, note que foi usado como parâmetro um **String** que representa um nome. Novamente, uma instância de **Contato** é criada e a ela é adicionado o parâmetro **nome** via método **setNome()**. E desta vez, foi utilizada a classe **ExampleMatcher** para criar as regras da consulta.

Como dito anteriormente, esta classe possui um pequeno grupo de métodos para adicionar as regras desejadas em uma consulta. O método inicial é **matching()** e, é ele que vai fornecer o acesso aos métodos que realmente formam as regras.

O primeiro critério fica por conta do método **withIgnoreCase()**, que tem a função de desconsiderar se os nomes, na coluna **nome** da tabela, estão com letras maiúsculas ou minúsculas, já que em alguns bancos de dados essa diferença seria fundamental para a consulta.

Já o método **withStringMatcher()** recebe como parâmetro uma informação para a consulta analisar apenas o final da *string* na coluna **nome** da tabela. Por exemplo, se o valor da variável **nome** for "Silva", a consulta retornará todas as linhas que na coluna **nome** tenha "Silva" como valor final.

Ou seja, "Andriele da Silva", "Anelise Mattos da Silva" ou "Anete Silva". Mas não retornaria contatos com o nome "Maria Silva de Souza", "Paula da Silva Ferreira" ou "Aniele Silva Mattos". Isto porque, os nomes não são finalizados com a palavra "Silva".

Outro caso em que é preciso um pouco de código adicional é quando se trabalha com ordenação. Para ordenar os resultados da consulta é necessário incluir um objeto do tipo **Sort** contendo a ordenação desejada e por qual atributo ela será realizada.

Na **Listagem 4.4**, há um exemplo de como ordenar os resultados pelo atributo **idade** de forma ascendente (0 - 9).

LISTAGEM 4.4: CONSULTA COM ORDENAÇÃO

```
@Service
public class ContatoService {

    // código anterior omitido nesta listagem

    public List<Contato> buscarTodosPorIdadeAsc() {

        Sort sort = new Sort(Direction.ASC, "idade");

        return repository.findAll(sort);

    }
}
```

Observe no código-fonte que o método **buscarTodosPorIdadeAsc()** possui uma instância da classe **Sort**. Esta instância tem dois parâmetros adicionados no método construtor. O primeiro é o **Direction.ASC**, que define a ordenação dos resultados de forma ascendente. Essa ordenação é realizada via atributo **idade**, informado como um **String** na segunda posição do construtor. Esse segundo parâmetro deve sempre referenciar o nome do atributo da classe de entidade e não o nome da coluna no banco de dados. É muito importante memorizar esta informação.

Com a regra de ordenação pronta, basta adicionar ao método **findAll()** a variável **sort**. Assim, a consulta vai retornar uma lista de contatos ordenada pela idade de forma ascendente, ou seja, da menor para a maior idade.

Caso queira executar de forma que o retorno seja descendente (9 - 0), basta substituir **Direction.ASC** por **Direction.DESC**. Tanto a classe **Sort** como o *enum* **Direction** são encontradas no pacote **org.springframework.data.domain**.

Paginando Resultados

A paginação é um conceito ou técnica que pode ser usado tanto no lado cliente da aplicação como no lado servidor. Com o Spring Data JPA, é facilmente possível criar um processo de paginação no lado servidor.

A vantagem de utilizar este conceito está diretamente ligada ao desempenho de uma aplicação. Por exemplo, em uma tabela com 1000 registros, uma consulta que retorna todas as linhas de uma única vez, vai ter um desempenho inferior a uma consulta que retorne apenas 15 linhas.

Então, o que a paginação faz, é dividir a totalidade dos registros em pequenos blocos ou páginas. Assim, ao invés de realizar uma única consulta que retorne 1000 registros de uma só vez, a consulta é executada diversas vezes, trazendo em cada uma delas uma página diferente de registros.

Trabalhar com paginação no lado servidor muitas vezes é algo complexo, porque depende de uma lógica que deve ser bem elaborada e ainda é necessário lidar com uma grande quantidade de informações que devem ser levadas até o lado cliente da aplicação.

Já no Spring Data JPA, o processo de paginação de resultados é muito mais simples. Isto porque, existe um grupo de interfaces e classes que juntas, formam um objeto bem completo, com uma quantidade interessante de métodos para serem usados em vários tipos de paginações como: de tabelas, de páginas Web, de slides de imagens, entre outros.

No Spring Data JPA já há um método pronto para o uso de paginação, que é o **findAll()**. Se você lembrar, existe uma variedade de assinaturas de métodos com este nome entre as interfaces do tipo Repository. Mas, o que é usado para paginação é o seguinte:

```
Page<T> findAll(Pageable pageable);
```

O método pertence à interface **PagingAndSortingRepository** e merece uma atenção especial ao tipo de retorno (**Page**) e ao argumento (**Pageable**).

São esses objetos que vão proporcionar o uso de paginação, mas ambos são interfaces e não podem ser instanciados. Assim, a classe **PageRequest** fica com a responsabilidade da instância e de receber os dados necessários para o uso de paginação, os quais são: o número da página atual, o número de elementos da página e caso necessário uma regra para ordenação.

E estes dados são passados via método construtor de **PageRequest**, a qual fornece três assinaturas, que são:

```
PageRequest(int page, int size)
PageRequest(int page, int size,
            Direction direction, String... properties)
PageRequest(int page, int size, Sort sort)
```

Agora, confira na **Listagem 4.5** o método **paginarResultados()** que será usado para exemplificar o recurso de paginação.

Listagem 4.5: Método para Paginação

```
@Service
public class ContatoService {

    public Page<Contato> paginarResultados() {

        Sort sort = new Sort(Direction.ASC, "nome");

        Pageable pageable = new PageRequest(0, 3, sort);

        return repository.findAll(pageable);
    }
}
```

Observe que neste método há uma instância da classe **PageRequest** atribuída a uma variável do tipo **Pageable**, que é o tipo de parâmetro esperado pelo método **findAll()**.

No construtor de **PageRequest** foram adicionados três valores:

- ✔ O primeiro é o número da página que vai ser localizada, neste caso, a página zero. A página inicial sempre será zero, assim como, qualquer lista em Java;
- ✔ O segundo é a quantidade máxima de elementos que será retornada nesta página, neste caso serão três elementos (entidades);
- ✔ O terceiro é a forma como os resultados serão ordenados. Sobre isso, é importante ressaltar que, se a tabela tem 10 elementos, primeiro a ordenação é realizada nestes 10 elementos, e então, os três primeiros elementos já ordenados farão parte da página 0 (zero), os próximos três da página 1 (um) e assim até a página com o décimo elemento.

Agora a variável **pageable** já contém as regras da paginação e pode ser adicionada como parâmetro do método **findAll()**.

Entretanto, ainda falta analisar o retorno desta consulta, ou seja, o que o objeto **Page** vai fornecer a você. Na verdade ele não retorna diretamente a lista de entidades, mas sim, uma lista de métodos com informações importantes para você lidar com a paginação entre o lado servidor e cliente da sua aplicação.

Veja quais são estes métodos e a função de cada um descrito a seguir:

- ✔ **`previousPageable()`** - vai fornecer dados específicos sobre a página anterior daquela que está sendo retornada. Antes de usar este método é importante ter certeza que existe uma página anterior, para isso, use o método **`hasPrevious()`**. Isto porque, caso a página atual seja a página zero, não haverá uma página anterior e uma exceção será lançada em caso de acesso;
- ✔ **`getNumber()`** - retorna o número da página atual;
- ✔ **`nextPageable()`** - fornece acesso aos dados da próxima página. Use o método **`hasNext()`** para confirmar que existe uma próxima página e assim, evitar uma exceção, caso a página atual seja a última;
- ✔ **`getNumberOfElements()`** - retorna o número de elementos existentes na página atual;
- ✔ **`getSize()`** - retorna o número máximo de elementos configurados por página no processo de paginação;
- ✔ **`getTotalElements()`** - este método retorna a quantidade total de elementos existentes na tabela ou em uma consulta sem a paginação;
- ✔ **`getTotalPages()`** - retorna a quantidade total de páginas envolvidas no processo de paginação;
- ✔ **`getContent()`** - este método retorna um objeto do tipo **`java.util.List`** contendo a lista de entidades retornadas para a página atual;
- ✔ **`hasContent()`** - retorna verdadeiro se existem elementos na lista de entidades e falso em caso negativo;

✔ **`getSort()`** - o retorno deste método contém as informações sobre as regras de ordenação da consulta;

✔ **`isFirst()`** e **`isLast()`** - estes métodos retornam verdadeiro ou falso no teste para verificar se a página atual é a primeira ou a última.

Com estas informações sobre paginação, você será capaz de criar sua própria tabela de dados ou mesmo usar os recursos de tabelas fornecidas pelo Bootstrap, jQuery Datatable, Dandelion, ou qualquer outro, de forma muito mais fácil.

CONSULTAS POR PALAVRAS-CHAVE

Até o capítulo anterior estudamos como trabalhar com os métodos de consultas provenientes das interfaces do Spring Data JPA. Contudo, em algum momento, será necessário desenvolver suas próprias consultas e o Spring Data JPA fornece algumas formas distintas de fazer isso. E uma delas é com o uso de palavras-chaves (*keywords*).

Este recurso é totalmente baseado no nome que é dado ao método, ou seja, na sua assinatura, a qual vai conter palavras-chave e a partir delas o Spring Data vai ser capaz de montar a consulta JPQL para então executá-la.

Veja o exemplo de uma consulta por palavras-chaves adicionada na **Listagem 4.6**.

LISTAGEM 4.6: CONSULTA POR PALAVRAS-CHAVES

```
public interface ContatoRepository extends JpaRepository<Contato, Long> {

    Contato findByNomeAndIdade(String nome, Integer idade);
}
```

Analisando a assinatura do método **findByNomeAndIdade()** é possível selecionar quatro partes distintas:

- ✔ **findBy** - aqui a palavra chave é **By**, porém, anterior a **By** é necessário ter alguma instrução. Normalmente em consultas essa instrução é **find**, mas poderia ser, por exemplo, **get**. Além dessas, outras situações como **count** para quantidade ou **remove** para exclusão. Caso não haja uma instrução anterior a **By**, uma exceção será lançada;
- ✔ **Nome** - faz referência ao atributo **nome** da classe de entidade **Contato**;
- ✔ **And** - palavra-chave reservada do Spring Data JPA que tem a mesma função do **AND** na JPQL;
- ✔ **Idade** - faz referência ao atributo **idade** da classe de entidade **Contato**.

A assinatura do método apresentado vai gerar uma consulta JPQL conforme a seguinte instrução:

```
"from Contato c where c.nome = ?1 and c.idade = ?2"
```

Outro ponto importante a ressaltar é que cada palavra-chave da consulta deve ser iniciada por letras maiúsculas seguidas de letras minúsculas.

Esta prática vai evitar exceções, já que o Spring entende que uma nova palavra-chave foi inserida quando ele encontra uma letra maiúscula.

O Spring Data JPA fornece uma lista de palavras-chaves para serem usadas nas assinaturas dos métodos. Na tabela 4.1 esta lista é apresentada.

Palavra-chave	Exemplo	Fragmento na JPQL
And	findByNomeAndIdade	...where c.nome = ?1 and c.idade = ?2
Or	findByNomeOrIdade	...where c.nome = ?1 or c.idade = ?2
Is, Equals	findByNome, findByNomeIs, findByNomeEquals	...where c.nome = ?1
Between	findByIdadeBetween	...where c.idade between ?1 and ?2
LessThan	findByIdadeLessThan	...where c.idade < ?1
LessThanEqual	findByIdadeLessThanEqual	...where c.idade <= ?1
GreaterThan	findByIdadeGreaterThan	...where c.idade > ?1
GreaterThanEqual	findByIdadeGreaterThanEqual	...where c.idade >= ?1
After	findByDtCadastroAfter	...where c.dtCadastro > ?1
Before	findByDtCadastroBefore	...where c.dtCadastro < ?1
IsNull	findByIdadeIsNull	...where c.idade is null
IsNotNull, NotNull	findByIdadeNotNull	...where c.idade not null
Like	findByNomeLike	...where c.nome like ?1
NotLike	findByNomeNotLike	...where c.nome not like ?1

Palavra-chave	Exemplo	Fragmento na JPQL
StartingWith	findByNomeStartingWith	...where c.nome like ?1 (param%)
EndingWith	findByNomeEndingWith	...where c.nome like ?1 (%param)
Containing	findByNomeContaining	...where c.nome like ?1 (%param%)
OrderBy	findByNomeOrderByIdadeAsc	...where c.nome = ?1 order by idade asc
Not	findByNomeNot	...where c.nome <> ?1
In	findByIdadeIn(Collection idades)	...where c.idade in ?1
NotIn	findByIdadeNotIn(Collection idades)	...where c.idade not in ?1
True	findByAtivoTrue	...where c.ativo = true
False	findByAtivoFalse	...where c.ativo = false
IgnoreCase	findByNomeIgnoreCase	...where UPPER(c.nome) = UPPER(?1)

TABELA 4.1: LISTA DE PALAVRAS-CHAVE DO SPRING DATA JPA

Algumas dessas palavras-chaves podem acabar gerando algum tipo de dúvida. Como exemplo, a **StartingWith**, **EndingWith** e **Containing**.

Estas três instruções usam o coringa (**%**) para analisar, respectivamente, o início, o final ou qualquer trecho de uma *string* armazenada na coluna da tabela.

O parâmetro que será enviado pelo método de consulta não deve conter o caractere coringa, a própria instrução no nome do método vai adicioná-la no momento apropriado.

As consultas com **In** ou **NotIn**, devem receber como parâmetro um objeto do tipo **Collection**, ou então, um *array* ou *varargs*. Os elementos contidos neste objeto serão os valores analisados pela consulta como critério.

Embora as palavras-chaves listadas estejam exemplificadas isoladamente, em cada consulta em que foram apresentadas, elas podem perfeitamente ser usadas em conjunto em uma mesma consulta. Como exemplo:

```
findByNomeIgnoreCaseOrIdadeGreaterThan(String nome, int idade);
```

Até agora, todas as consultas abordadas foram realizadas especificamente sobre a entidade **Contato**, usando como critério os atributos desta classe. Mas, como **Contato** tem um relacionamento do tipo **1 - 1** com **Endereco** é perfeitamente possível adicionar a partir do repositório de contato uma consulta que alcance algum atributo de **Endereco** como critério.

Suponha que você queira localizar todos os contatos que estão registrados no banco de dados com o endereço na cidade do Rio de Janeiro. Sendo que, cidade é um atributo da classe de entidade **Endereco**.

Para realizar esta consulta, leve em consideração o link entre cada objeto das classes, como mostra o exemplo na **Listagem 4.7**.

LISTAGEM 4.7: JPQL VIA @QUERY

```
public interface ContatoRepository extends JpaRepository<Contato, Long> {

    // código anterior omitido nesta listagem

    List<Contato> findByEnderecoCidade(String cidade);
}
```

Analisando a assinatura do método, após a palavra-chave **By**, temos a instrução **EnderecoCidade**. Esta instrução remete a algo como:

```
contato.getEndereco().getCidade()
```

Porém, o objeto **contato**, não precisa estar presente no nome do método porque ele já é o ponto de partida dessa consulta. Isto porque, por padrão, ela parte do repositório referente a **Contato**.

Basta, então, incluir na assinatura do método os demais atributos, neste caso, **endereco** e **cidade**. Sendo assim, sempre que for necessário usar um atributo do objeto de relacionamento com a classe de entidade do repositório, faça esse link.

LIMITANDO RESULTADOS

Duas palavras-chaves não foram citadas na tabela 4.1, que são: **First** e **Top**. Elas funcionam como uma instrução que vai retornar o primeiro elemento encontrado a partir da consulta. Ou seja, essas palavras-chaves trabalham como um limitador de resultados.

Então, vamos ver alguns exemplos que abordam o uso de **First** e **Top**. Para isso, suponha que a tabela **Contatos** tenha as seguintes entidades (Tabela 4.2).

ID	NOME	IDADE	DATA_CADASTRO	ENDERECO_ID
1	ANA DA SILVA	30	2013-10-05	1
2	EDUARDO COELHO	25	2013-11-14	2
3	JULIANA BOEMO	39	2014-04-21	3
4	ANIELE VISCENTINE DA SILVA	23	2014-08-18	4

Tabela 4.2: Tabela Contatos da Base de Dados

A partir desses registros, a seguinte consulta retornaria a entidade de **ID = 1**, quando executada na tabela de contatos.

```
Contato findFirstBy();
```

Analisando a assinatura do método, observe que após a palavra **find**, foi adicionada a palavra **First** seguida de **By**. Esta instrução vai fazer com que o retorno seja contido por uma única entidade, sem qualquer critério adicionado na consulta.

Por isso, o retorno foi o primeiro elemento da tabela. O mesmo resultado se aplicaria caso a palavra-chave **First** fosse substituída por **Top**, isto porque, elas têm exatamente a mesma função.

No entanto, se essa consulta fosse ordenada por idade, de forma ascendente (0 - 9), o resultado seria diferente do anterior. Isto porque, primeiro é realizada a ordenação e depois dos resultados estarem ordenados é retornada a primeira entidade ou a entidade que ficou no topo desta ordenação. Sendo assim, a linha de **ID = 4** seria o retorno da seguinte consulta:

```
Contato findTopByOrderByIdadeAsc();
```

Mas ainda existe outra característica que pode ser explorada no uso de **First** e **Top**, que é limitar o resultado a uma quantidade desejada de elementos. Algo como a função **limit** do MySQL, **top** do SqlServer ou **rownum** do Oracle.

Confira a seguinte consulta, que espera como retorno uma lista de contatos:

```
List<Contato> findFirst3ByOrderByIdadeAsc();
```

Note que após a palavra-chave **First**, foi incluído o número **3** (**First3**). Este número representa a quantidade limite de linhas que a consulta deve retornar.

Outro aspecto importante é que a consulta está usando a ordenação ascendente por idade, então o retorno seria as seguintes entidades: **ID = 4**, **ID = 2** e **ID = 1**.

Isto porque, a ordenação por idade dispôs as linhas nesta sequência de identificadores: **4**, **2**, **1** e **3**. Mas, como a consulta foi limitada a apenas três entidades, a linha de **ID = 3** ficou de fora do retorno.

Então estas são as características necessárias que se deve conhecer sobre as palavras-chaves **First** e **Top**.

ANOTAÇÃO @QUERY

As consultas baseadas em palavras-chaves são uma forma bem prática e rápida de se trabalhar nos repositórios. Porém, em algumas situações, usar esse tipo de técnica pode não ser o mais apropriado.

Uma delas é quando você tem muitas regras ou critérios para uma determinada consulta, o que vai fazer com que a assinatura do método fique grande demais, o que pode causar uma dificuldade para outro membro da equipe de desenvolvimento compreendê-la se não tiver ainda experiência com esse tipo de recurso.

Outra situação pode ser o gosto pessoal do desenvolvedor, que prefere usar instruções JPQL ao invés do recurso por palavras-chaves.

Então, o Spring Data JPA fornece a anotação **@Query**, a qual tem como finalidade receber uma *string* contendo uma instrução JPQL. Deste modo, é perfeitamente possível substituir o recurso de palavras -chaves por JPQL.

Veja um exemplo na **Listagem 4.8** em que a consulta é declarada via anotação **@Query**.

Listagem 4.8: JPQL via @Query

```
public interface ContatoRepository extends JpaRepository<Contato, Long> {

    // código anterior omitido nesta listagem

    @Query("select c from Contato c where idade >= 18 order by nome asc")
    List<Contato> findByContatoMaiorIdade();
}
```

Observe o método **findByContatoMaiorIdade()**, e veja que a anotação **@Query** foi incluída no topo de sua assinatura. E como parâmetro, a anotação recebeu uma *string* contendo a JPQL. Esta consulta vai localizar no banco de dados todas as linhas em que a idade seja maior ou igual a 18 e ainda ordenar os resultados por nome de forma ascendente (A - Z).

Como mostra o exemplo, é bem simples incluir uma JPQL como instrução de consulta para substituir o uso de palavras-chaves. Algo importante a ressaltar é em relação ao nome do método, conforme exemplifica a **Listagem 4.9**.

LISTAGEM 4.9: JPQL SOBRESCREVE PALAVRAS CHAVES @QUERY

```
public interface ContatoRepository extends JpaRepository<Contato, Long> {

    // código anterior omitido nesta listagem

    @Query("select c from Contato c where c.dtCadastro > ?1")
    List<Contato> findByDtCadastroAfter(Date dataCadastro);
}
```

Analisando com cuidado este código se pode notar que a assinatura do método usa exatamente as palavras-chaves que executam a mesma consulta JPQL incluída na **@Query**.

Quando uma situação dessas acontecer, a anotação vai sobrescrever as palavras-chaves, ou seja, o nome do método não será levado em consideração.

A **@Query** ainda tem outra função que é trabalhar com instruções em SQL, algo que não seria possível com palavras-chaves. Na **Listagem 4.10** é apresentado um exemplo sobre esse caso.

LISTAGEM 4.10: @QUERY COM NATIVEQUERY

```
public interface ContatoRepository extends JpaRepository<Contato, Long> {

    // código anterior omitido nesta listagem

    @Query(value = "select * from Contatos where data_cadastro = ?1",
           nativeQuery = true)
    List<Contato> findByDataCadastro(Date dataCadastro);
}
```

Observe que a consulta desta vez é em SQL e não em JPQL. É possível diferenciá-las por alguns aspectos principais como o uso do nome da tabela e de sua coluna e não o nome da classe de entidade e de seu atributo.

Para que um SQL seja aplicado à anotação é necessário incluir a propriedade **nativeQuery** inicializada com **true**. Assim, a anotação ativa o uso de instruções nativas ao invés de processar uma instrução JPQL e neste caso, a propriedade **value** deve ser atribuída com a *string* contendo a consulta.

Outro aspecto sobre a anotação **@Query** é que ela não precisa receber diretamente uma instrução JPQL ou SQL. A JPA fornece dois recursos chamados **NamedQuery** (JPQL) e **NamedNativeQuery** (SQL), os quais podem ser usados via anotações na classe de entidade ou arquivo XML.

O importante, é que a **@Query** pode trabalhar em conjunto com estes recursos. Sendo assim, uma pequena alteração será realizada na classe de entidade **Contato**, para a inclusão de duas anotações, conforme mostra a **Listagem 4.11**.

Listagem 4.11: Alteração na classe de entidade Contato

```
@Entity
@Table(name = "CONTATOS")
@NamedQuery(
        name = "Contato.byIdade",
        query = "from Contato c where c.idade = ?1")
@NamedNativeQuery(
        name = "Contato.byNome",
        query = "select * from Contatos where nome like ?1",
        resultClass = Contato.class)
public class Contato extends AbstractPersistable<Long> {

    // código anterior omitido nesta listagem
}
```

Veja que as anotações **@NamedQuery** e **@NamedNativeQuery** foram incluídas sobre a assinatura da classe. Cada uma delas possui os atributos **name**, para a inclusão de um nome e **query** para a adição da instrução de consulta.

Já **@NamedNativeQuery** ainda tem o atributo **resultClass** para transformar o resultado da consulta nativa em um objeto **Contato**.

O importante, a saber, é como vamos vincular essas duas consultas a anotação **@Query** lá em **ContatoRepository**. Isto é feito de forma bem simples, apenas utilizando os nomes incluídos nos atributos **name** de cada anotação.

Então, confira na **Listagem 4.12** o processo que deve ser realizado para criar este vínculo.

Listagem 4.12: NamedQuery e NamedNativeQuery via Repositório

```
public interface ContatoRepository extends JpaRepository<Contato, Long> {

    // código anterior omitido nesta listagem

    @Query(name = "Contato.byIdade")
    List<Contato> findByIdade(Integer idade);

    @Query(name = "Contato.byNome")
    Contato findByNome(String nome);
}
```

Analisando o código-fonte se pode notar que as anotações **@Query** têm um atributo **name**, o qual deve ser atribuído com o nome referente a consulta NamedQuery ou NamedNativeQuery que se deseja executar.

> *O recurso de NamedQueries pode ser reconhecido pelo repositório sem o uso da anotação* **@Query**. *Para isso, o nome dado à consulta, lá na classe de entidade, deve ser o mesmo que o nome dado ao método no repositório. Neste caso, não seria preciso usar a anotação* **@Query**, *o Spring Data JPA conseguiria relacioná-los. Porém, pode acabar se tornando uma prática confusa já que seria mais difícil interpretar se um determinado método no repositório está usando NamedQuery ou não.*

Remodelando Resultados

Quando uma consulta é executada via repositório do Spring Data JPA, os resultados são baseados na classe de entidade que está vinculada ao repositório. Sendo assim, o retorno das consultas sempre vai trazer todos os atributos existentes na classe de entidade.

Porém, algumas vezes não é necessário que todos os atributos da classe façam parte do retorno da consulta. Por exemplo, a classe **Contato**, apresentada na **Listagem 3.1**, possui os seguintes atributos: **id**, **nome**, **idade**, **dtNascimento** e **enderecos**.

Desta forma, cada vez que uma consulta é executada via **ContatoRepository**, todos esses atributos são retornados e aqueles que por ventura, não tenham valor algum lá na tabela, resultariam em objetos nulos. Por isso, vamos dar uma atenção especial ao relacionamento de **Contato** com a entidade **Endereco**. Este relacionamento exige uma consulta adicional por parte do Hibernate. Ou seja, o Hibernate busca a entidade **Contato** e depois ele roda uma nova consulta, por conta própria, para trazer o endereço vinculado ao contato retornado.

Então, para cada vez que uma consulta é executada, o Hibernate vai rodar pelo menos duas consultas devido o relacionamento. E se a classe de entidade tiver mais de um relacionamento mapeado, mais consultas adicionais serão necessárias.

Deste modo, os relacionamentos acabam criando um objeto de retorno muito grande e às vezes com dados que não são necessários ou que o usuário não vai precisar utilizar. Por exemplo, se uma ação na aplicação precisar localizar um contato para exibir apenas o nome, a idade e a data de cadastro, por que trazer junto os dados referente ao endereço? Nesta situação, o ideal seria remodelar o retorno da consulta e projetar um retorno sem o endereço contido nele.

Para isso, o Spring Data sugere que seja criada uma interface de projeção, onde são especificamente definidos os dados que a consulta deve retornar.

Confira então, a **Listagem 4.13**, para ver um exemplo deste processo.

LISTAGEM 4.13: INTERFACE DE PROJEÇÃO SEMENDERECO

```
package com.mballem.livro.entity.projection;

import java.util.Date;

public interface SemEndereco {

    String getNome();

    Integer getIdade();

    Date getDtCadastro();
}
```

Observe no código-fonte que a interface **SemEndereco** possui três métodos. Esses métodos são os dados que se quer ter como retorno a partir de uma consulta.

Eles também fazem referência aos métodos **get()** da classe de entidade **Contato**. É dessa forma que o Spring Data vai conseguir vincular os dados de retorno com a interface **SemEndereco**. E assim, ao invés de retornar um objeto **Contato**, vai retornar um objeto **SemEndereco**.

Mas como o Spring Data vai saber que precisa retornar um objeto **SemEndereco**, ao invés de um **Contato** a partir da interface **ContatoRepository**?

Este processo é extremamente simples, basta incluir na assinatura do método de consulta o retorno conforme um objeto do tipo **SemEndereco**, como mostra a **Listagem 4.14**.

Listagem 4.14: Remodelando o retorno para SemEndereco

```
public interface ContatoRepository extends JpaRepository<Contato, Long> {

    // código anterior omitido nesta listagem

    SemEndereco findContatoByNome(String nome);
}
```

Agora, toda vez que a consulta **findContatoByNome()** for executada, o retorno será um objeto **SemEndereco** contendo apenas os valores para as variáveis **nome**, **idade** e **dtCadastro**. Deste modo, é possível criar várias interfaces de projeção para remodelar seus objetos com apenas os dados que são realmente necessários em cada consulta. Então, vamos explorar um pouco mais esse recurso.

Suponha agora, que o retorno desejado de uma consulta contenha o nome do contato e a cidade cadastrada. Lembrando que, a cidade está armazenada na tabela de endereços, assim, é necessário usar o relacionamento existente entre as classes de entidades **Contato** e **Endereco** para obter o resultado.

Uma nova interface de projeção será criada, conforme a **Listagem 4.15**.

Listagem 4.15:- Interface de Projeção NomeCidade

```
package com.mballem.livro.entity.projection;

import org.springframework.beans.factory.annotation.Value;

public interface NomeCidade {

    String getNome();

    @Value("#{(target.endereco.cidade)}")
    String getCidade();
}
```

Ao analisar a interface **NomeCidade**, é possível verificar uma diferença marcante em relação à interface **SemEndereco** já vista anteriormente.

Tal diferença fica pelo uso da anotação **@Value**, que tem como função receber uma instrução do tipo *SpEL Expressions*. Essa expressão nada mais faz do que indicar um atributo alvo que vai ser o valor do método anotado.

Ou seja, o método **getCidade()**, que não existe na classe **Contato**, vai receber o valor do atributo **cidade** da classe **Endereco**. O nome deste método poderia ser qualquer um, como **getCidadela()**, **getContatoCidade()**, entre outros. Isto porque, quem está definindo o local de onde o valor da cidade será recuperado é a instrução presente na anotação.

Observe que expressão possui a palavra **target**, a qual é obrigatória no início da instrução. Em seguida, se navega entre as propriedades dos objetos para chegar ao destino desejado, neste caso, o atributo **cidade** do objeto **endereco**. Este tipo de instrução é denominada atributo virtual, já que o atributo alvo na verdade não faz parte da entidade da qual vai partir a consulta.

Por fim, basta criar o método de consulta em **ContatoRepository**, conforme demonstra a **Listagem 4.16**.

LISTAGEM 4.16: REMODELANDO O RETORNO PARA NOMECIDADE

```
public interface ContatoRepository extends JpaRepository<Contato, Long> {

    // código anterior omitido nesta listagem

    NomeCidade findContatoCidadeByNome(String nome);
}
```

Veja então, que foi possível remodelar o resultado de uma consulta de forma que o retorno passa a ser apenas o nome e a cidade do contato. A anotação **@Value** pode ser usada em qualquer método **get()** adicionado na interface de projeção e assim, permitir que o nome do método **get()** seja diferente daquele que faz referência ao atributo de origem.

É possível também, unir os valores de diferentes campos em um mesmo método **get()** com o uso dessa anotação. Por exemplo, suponha que uma classe qualquer tenha os atributos **firstName** e **lastName** e você queira criar uma projeção para gerar o nome completo. Para isso, basta fazer algo como o código a seguir:

```
@Value("#{target.firstName} #{target.lastName}")
String getFullName();
```

Perceba que foram adicionados, na anotação, dois alvos, o **firstName** e o **lastName**. Assim, o método **getFullName()** vai ter como resultado final a união desses dois valores formando o nome completo.

> A SpEL (*Spring Expression Language*) é uma poderosa linguagem de expressão que suporta a manipulação e consulta de objetos em tempo de execução. Sua sintaxe é semelhante à *Expression Language* (EL), mas fornece recursos adicionais para a invocação de métodos e outras funcionalidades dentro do Spring Framework.

Para finalizar este capítulo será apresentada outra abordagem sobre o recurso de projeção. Suponha que uma consulta na tabela de endereços deva retornar o nome da cidade e o total de vezes que ela foi cadastrada.

Para isso, será preciso utilizar um **Group By** na consulta e então contabilizar o número de vezes que cada cidade aparece na tabela.

Então, vamos começar pensando na interface de projeção que vai conter dois métodos para representar estes valores. Esses métodos são o **getCidade()** e o **getTotal()**, conforme mostra a **Listagem 4.17**.

LISTAGEM 4.17: INTERFACE DE PROJEÇÃO PARA ENDEREÇOS

```
package com.mballem.livro.entity.projection;

import org.springframework.beans.factory.annotation.Value;

public interface CidadeTotal {

    String getCidade();

    Long getTotal();
}
```

Como a consulta será por endereços, o ideal é usar um repositório para a entidade **Endereco**, conforme a **Listagem 4.18**.

LISTAGEM 4.18: INTERFACE ENDERECOREPOSITORY

```
package com.mballem.livro.repository;

import java.util.List;
import org.springframework.data.jpa.repository.JpaRepository;
import org.springframework.data.jpa.repository.Query;
import com.mballem.livro.entity.Endereco;
import com.mballem.livro.entity.projection.CidadeTotal;

public interface EnderecoRepository extends JpaRepository<Endereco, Long> {

    @Query("select e.cidade as cidade, count(e.cidade) as total"
             + " from Endereco e"
             + " group by e.cidade")
    List<CidadeTotal> findByCidadeTotal();
}
```

A interface **EnderecoRepository** não tem nada de novo em relação ao que já foi abordado em outros capítulos. O que tem de mais importante nela é a consulta JPQL desenvolvida para retornar um objeto remodelado como **CidadeTotal**.

Ou seja, essa consulta vai ter dois valores como resultado: o nome da cidade e o totalizador por cidade. Observe que a função **count** usa o *alias*

total, o qual vai retornar o valor totalizado para o método **getTotal()**. E o *alias* **cidade**, retorna o nome da cidade para o método **getCidade()**.

Desta forma, o retorno da consulta, por ser uma lista, teria em cada posição da lista um objeto **CidadeTotal** contendo um atributo **cidade**, com o nome da cidade e um atributo **total**, com a quantidade total de vezes que esta cidade aparece cadastrada no banco de dados.

Daí em diante, conhecendo o recurso de remodelagem de entidade, é possível que você seja capaz de criar consultas que retornem projeções do tipo soma (**sum**), média (**avg**), mínimo (**min**), máximo (**max**) ou qualquer outra.

Procedimentos e Funções

Algo bastante comum no dia a dia dos desenvolvedores que lidam com aplicações e banco de dados é o uso de *Stored Procedure*. Este recurso é um conjunto de instruções em SQL capaz de ser executado a qualquer momento por uma chamada, a qual pode tanto ser realizada diretamente no SGBD ou via aplicação.

Um *Stored Procedure* realiza qualquer tipo de ação no banco de dados como um *insert*, um *select* ou mesmo a soma entre dois valores. Isto é, depende sempre do que o procedimento foi elaborado para fazer.

Outro ponto importante é que os procedimentos ficam armazenados no banco de dados, por isso é chamado de *Stored Procedure* (procedimento armazenado).

Na especificação JPA existe uma forma de mapear um *Stored Procedure*, para sempre que necessário, ele possa ser executado via aplicação. Para isso, é utilizada a anotação **@NamedStoredProcedureQuery**, como o código de exemplo a seguir.

```
@Entity
@NamedStoredProcedureQuery(
        name = "Usuario.soma",
        procedureName = "procedure_soma",
        parameters = {
                @StoredProcedureParameter(
                        mode = ParameterMode.IN,
                        name = "arg",
                        type = Integer.class),
                @StoredProcedureParameter(
                        mode = ParameterMode.OUT,
                        name = "res",
                        type = Integer.class)

        })
public class Usuario {
}
```

Conforme o exemplo apresentado, pode-se notar que existem várias informações incluídas na anotação **@NamedStoredProcedureQuery**. Entre elas, o nome da NamedQuery (**Usuario.soma**), o nome do procedimento no banco de dados (**procedure_soma**) e os dados dos parâmetros de entrada e saída do procedimento.

Mas isso tudo ainda não é o suficiente, ou seja, para executar o procedimento é necessário que um método da JPA faça a chamada pelo nome da *Stored Procedure* incluído na anotação. Este método é o **createNamedStoredProcedureQuery()**.

Talvez possa não parecer muito confuso para alguns, ou até confuso demais para outros, mas o importante é que no Spring Data JPA existem diferentes formas para executar um procedimento. Então, vamos ver quais são.

Caso decida manter a anotação **@NamedStoredProcedureQuery** da JPA, no repositório basta adicionar a assinatura de um método com a anotação **@Procedure**, conforme o código a seguir:

```
@Procedure("procedure_soma")
Integer procedureSoma(Integer arg);
```

Automaticamente a *string* na anotação é interpretada como sendo o nome da procedure incluída em **@NamedStoredProcedureQuery**. E assim, o Spring Data vai saber quem precisa ser executado.

Esta informação poderia também ser adicionada ao atributo **procedureName** de **@Procedure**, conforme o exemplo a seguir:

```
@Procedure(procedureName = "procedure_soma")
Integer procedureSoma(Integer arg);
```

Outra forma de referenciar o método a **@NamedStoredProcedureQuery** é pelo nome da NamedQuery, para isso, deve-se usar o atributo **name**, como no exemplo do código a seguir:

```
@Procedure(name = "Usuario.soma")
Integer procedureSoma(Integer arg);
```

Contudo, se você não quiser usar a anotação da JPA, o processo fica muito mais simples que parece até que está faltando alguma coisa. Para exemplificar, suponha que a *Stored Procedure* da **Listagem 4.19** foi criada em um banco de dados.

LISTAGEM 4.19: INSTRUÇÃO PARA CRIAR UMA PROCEDURE NO BANCO DE DADOS.

```
CREATE PROCEDURE proc_endereco(IN in_id BIGINT, OUT endereco VARCHAR(254))
    READS SQL DATA
    BEGIN ATOMIC
        SELECT CONCAT(logradouro, ', ', cidade, ', ', estado, '.')
        INTO endereco
        FROM ENDERECOS WHERE id = in_id;
    END;;
```

As informações que precisam ser compreendidas nesta procedure são:

- ✔ O nome do procedimento: **proc_endereco**;
- ✔ O parâmetro de entrada: **IN in_id BIGINT**;

✔ O parâmetro de saída: **OUT endereco VARCHAR(254)**;

Essas três informações são importantes para que se possa montar a assinatura do método que vai chamar o procedimento. Sendo assim, é preciso ter um parâmetro do tipo **Long**, um retorno do tipo **String** e é claro, conhecer o nome da procedure.

Agora, vejamos como proceder na aplicação para acessar o procedimento. Na **Listagem 4.20** serão adicionadas duas formas distintas de chamar ou executar o procedimento apresentado.

LISTAGEM 4.20: FORMAS DE FAZER A CHAMADA AO PROCEDIMENTO PELO SPRING DATA JPA.

```
public interface EnderecoRepository extends JpaRepository<Endereco, Long> {

    // código anterior omitido nesta listagem

    @Procedure("proc_endereco")
    String procedureEndereco(Long id);

    @Procedure
    String proc_endereco(Long id);
}
```

Analisando a listagem apresentada, foque primeiro no método **procedureEndereco()**. Observe que no topo de sua assinatura há a anotação **@Procedure** com o nome dado ao procedimento lá no banco dados. Isto basta para que o Spring Data JPA encontre a *Stored Procedure* e a execute quando houver uma chamada a este método.

Já em **proc_endereco()**, a **@Procedure** está presente, mas não tem nenhuma instrução referente ao nome do procedimento como parâmetro na anotação. Então, como o Spring Data vai saber qual procedimento no banco de dados ele deveria executar? Ele sabe disso pelo nome dado ao método, que é exatamente o mesmo nome dado a *Stored Procedure* no banco de dados.

Das duas formas demonstradas, o Spring Data JPA vai encontrar o procedimento diretamente no banco de dados sem que seja necessário usar a anotação da JPA, na classe de entidade, o que torna muito mais simples este processo. Então, fica por sua conta decidir qual é a forma mais adequada para ser usada em seus projetos.

Parâmetros Nomeados

Por padrão, as consultas JPQL trabalham com parâmetros ordenados ou baseados em posições. Este tipo de instrução leva em consideração a posição do parâmetro na lista de argumentos de um método com a posição do parâmetro na consulta. Veja um exemplo a seguir:

```
@Query("select c from Contato c "
      + "where idade >= ?1 or nome like ?2")
List<Contato> findByIdadeOuNome(Integer idade, String nome);
```

Analisando a instrução apresentada, observe que ela tem dois argumentos, onde o primeiro é um **Integer** para idade e o segundo é um **String** para o nome.

Esta ordem deve ser referente à ordem dos parâmetros adicionada na JPQL. Quando se faz o uso do **?1** e **?2**, se está dizendo que o **?1** está ligado ao primeiro argumento do método e o **?2** ao segundo argumento. Por isso, esses parâmetros são baseados em posições.

Mas no Spring Data JPA é possível usar a técnica chamada *Named Parameters* ou parâmetros nomeados. Esta técnica substitui os parâmetros baseados em posições por nomes, ou seja, os parâmetros da consulta são vinculados aos argumentos dos métodos por nomes e não por posições.

Para ter uma ideia melhor de como é este processo, veja um exemplo na **Listagem 4.21**.

LISTAGEM 4.21: PARÂMETROS NOMEADOS.

```
public interface ContatoRepository extends JpaRepository<Contato, Long> {

    // código anterior omitido nesta listagem

    @Query("select c from Contato c "
            + "where idade >= :idade or nome like :nome")
    List<Contato> findByIdadeOuNome( @Param("idade") Integer idade,
                                      @Param("nome") String nome);
}
```

Conferindo o código apresentado, note que na consulta o **?1** e o **?2** foram substituídos por **:idade** e **:nome**. Então, é desta forma que se nomeia os parâmetros dentro da consulta. E para que eles sejam vinculados aos argumentos do método, se utiliza a anotação **@Param** com o nome do parâmetro referente.

É importante destacar que não existe uma regra que defina qual técnica é melhor, se a baseada em posições ou a de parâmetros nomeados. A decisão de qual usar deve ser a de sua preferência.

ANOTAÇÃO @MODIFYING

Como já visto até aqui, a anotação **@Query** é um recurso que proporciona diferentes formas de trabalhar com consultas, por exemplo, com JPQL, SQL, e também consultas nomeadas.

O próprio nome da anotação já indica que ela é adequada para consultas. Porém, é permitido alterar esta característica com o uso da anotação **@ Modifying**.

A **@Modifying** tem como função indicar que o objetivo original da **@Query** será modificado. Desta forma, é possível adicionar na **@Query** uma JPQL com instrução de **update** ou **delete**.

Confira na **Listagem 4.22** um exemplo dessas operações usando as anotações citadas.

LISTAGEM 4.22: DELETE E UPDATE POR JPQL.

```
public interface EnderecoRepository extends JpaRepository<Endereco, Long> {

    // código anterior omitido nesta listagem

    @Modifying
    @Query("update Endereco e set e.cidade = ?1 where e.id = ?2")
    int updateCidadeById(String cidade, Long id);

    @Modifying
    @Query("delete from Endereco e where e.id = ?1")
    int deleteEndereco(Long id);
}
```

Na interface **EnderecoRepository** foram adicionados dois métodos que usam as anotações **@Modifying** e **@Query**. Observe que as instruções JPQL destes métodos são respectivamente um **update** e um **delete** e, essas instruções só são possíveis devido ao uso da anotação **@Modifying**.

Caso a anotação não seja incluída na assinatura de um dos métodos, por exemplo, do **updateCidadeById()**, a seguinte exceção seria lançada ao executá-lo:

```
Exception in thread "main" java.lang.IllegalStateException:
org.hibernate.hql.internal.QueryExecutionRequestException:
Not supported for DML operations [update com.mballem.livro.
entity.Endereco e set e.cidade = ?1 where e.id = ?2]
```

Outro aspecto a considerar é o tipo de retorno dos métodos. Cada método apresentado tem como retorno um primitivo **int**. Isto é opcional e poderia ser do tipo **void**.

Mas, caso queira ter certeza que a operação foi executada com sucesso, com o uso do **`int`** o retorno obtido vai ter o valor **`1`**, caso a operação não tenha surtido efeito no banco de dados, o valor retornado será **`0`**.

CONCLUSÃO

O capítulo 4 abordou especificamente como lidar com repositórios no Spring Data JPA. Foi demonstrado como trabalhar com as quatro operações de CRUD, mas a abordagem sobre consultas foi mais ampla, por ser a de maior diversidade.

Entre as técnicas para executar consultas você pôde conhecer o uso de palavras-chaves, da anotação **`@Query`**, consulta por Query by Example, além de Named Queries e Procedures.

Agora, que já tem o conhecimento de como realizar consultas nos repositórios, fica por sua conta definir qual técnica prefere utilizar em seus projetos pessoais e profissionais.

E não se esqueça de que ainda pode usar a anotação **`@Modifying`** para criar operações de *update* ou *delete* a partir de instruções JPQL contidas na anotação **`@Query`**.

Capítulo 5

LIDANDO COM TRANSAÇÕES

Uma das características do Spring Data é a utilização do controle de transações. No capítulo 2, onde foi apresentada a classe de configuração do Spring Data JPA, foram declarados dois recursos com essa finalidade, a anotação **`@EnableTransactionManagement`** para habilitar o controle transacional e o método **`transactionManager()`**.

Por padrão, a interface **`CrudRepository`** faz uso de controle transacional, assim, seus métodos e também as interfaces que a estendem, vão lidar com este recurso.

Isso significa, que todos os métodos herdados e assinados em **`ContatoRepository`** e **`EnderecoRepository`** são também transacionais.

Esta informação é importante porque o controle de transações de **`CrudRepository`** possui uma configuração que seta os métodos apenas para leitura. Ou seja, fora os métodos de escrita que são herdados, todos os outros, inclusive os que você adiciona nas suas interfaces serão apenas habilitados para leitura.

Então, se desejar criar um método de escrita, como um *update*, você vai precisar sobrescrever o controle transacional original.

Um exemplo disso são os métodos **`updateCidadeById()`** e **`deleteEndereco()`** apresentados na **Listagem 4.22**.

Caso você tente executá-los, uma exceção do tipo **TransactionRequiredException** seria lançada:

```
Exception in thread "main"
javax.persistence.TransactionRequiredException:
Executing an update/delete query
```

Isto porque, como já dito, qualquer novo método assinado nas interfaces será por padrão configurado como uma operação de leitura.

Para modificar essa característica é preciso usar uma anotação do tipo **@Transactional**, alterando a transação de leitura para escrita. Mas antes de ver como isso é feito, vamos conhecer um pouco mais dessa anotação e suas propriedades.

- ✔ **@Transactional** - se incluída sobre a assinatura de uma classe ou interface gera uma configuração padrão entre todos os métodos desta classe ou interface. Mas pode também ser incluída individualmente sobre a assinatura de cada método, tornando assim, cada configuração restrita ao método anotado;

- ✔ **readOnly** - é uma propriedade da anotação que configura a transação para leitura ou escrita. Por padrão, na anotação, seu valor é **false**. Ou seja, a transação será para leitura e escrita. Caso seja **true**, a transação será apenas para leitura;

- ✔ **propagation** - esta propriedade possibilita a opção de especificar o comportamento do evento, em que um método transacional é executado, quando um contexto de transação já existe. Por exemplo, o código pode continuar a ser executado na transação existente, ou a transação existente pode ser suspensa e uma nova será criada;

- ✔ **isolation** - esta propriedade especifica o grau em que uma transação é isolada de outras transações. O padrão é o nível de isolamento do SGBD;

✔ **timeout** - é uma propriedade que define o tempo limite que uma transação continuará ativa antes de sofrer um *rollback*. Por padrão, o tempo limite é o da infraestrutura acessada (SGBD);

✔ **rollBackFor** - esta propriedade serve para definir as classes de exceções que vão lançar a exceção em uma situação de *rollback*. As classes devem ser subclasses de **Throwable**. Se a propriedade não for usada, o padrão será **RuntimeException** e **Error**;

As principais propriedades de **@Transactional** são estas que foram listadas. Porém, algumas delas possuem uma lista própria de valores que definem qual característica devem assumir na transação.

Entre elas, a **propagation** e a **isolation**. Para conhecer algumas dessas características ligadas à propagação, confira a tabela 5.1.

Propagation	Objetivo
REQUIRED	O método participa da transação atual, caso não exista uma transação, uma nova será criada. Este é o valor padrão da **@Transactional**.
SUPPORTS	O método participa da transação atual, se não existir uma transação, ele é executado sem qualquer transação.
MANDATORY	O método participa da transação atual, se nenhuma existir, uma exceção será lançada.
REQUIRES_NEW	O método é executado em uma nova transação. Se uma já existe, ela será suspensa.
NOT_SUPPORTED	O método executa sem nenhuma transação. Se uma transação existir, ela será suspensa.
NEVER	O método é executado sem uma transação. Se uma existir, uma exceção será lançada.

Propagation	Objetivo
NESTED	O método é executado dentro de uma transação aninhada se uma transação já existe. Caso contrário, ela assume o comportamento de REQUIRED.

TABELA 5.1: TIPOS DE PROPAGAÇÃO CONFIGURÁVEIS NO SPRING DATA.

Para saber quais são os valores referentes às características ligadas ao isolamento de transações, confira a tabela 5.2.

Isolation	Objetivo
DEFAULT	Assume o nível de isolamento do gerenciador de dados. É o valor padrão de `@Transactional`.
READ_UNCOMMITTED	É o nível de menor isolamento, permitindo a leitura antes da confirmação. Ou seja, uma segunda transação pode recuperar os dados que estão sendo processados por outra transação antes mesmo dela ser finalizada. Não é recomendada na prática.
READ_COMMITTED	Este nível apenas proíbe uma transação de ler uma linha com alterações não confirmadas.
REPEATABLE_READ	Este nível isola o conjunto de dados lidos de uma transação. Não permitindo a leitura de dados alterados ou excluídos, mesmo que confirmados pela transação concorrente. Porém, ele permite a leitura de novos registros confirmados por outras transações.
SERIALIZABLE	É o maior nível de isolamento. Não permite que nenhuma outra transação acesse os dados da transação atual.

TABELA 5.2:- NÍVEIS DE ISOLAMENTO EM TRANSAÇÕES CONFIGURÁVEIS NO SPRING DATA.

Sobrescrevendo o Controle Transacional Padrão

Após a anotação **@Transaction** e suas propriedades terem sido apresentadas, vamos abordar o padrão transacional fornecido pela interface **CrudRepository**.

Se você abrir o código-fonte dessa interface, não verá nenhuma anotação referente a controle de transações. Neste caso, o controle é realizado diretamente por outras classes ou interfaces que fazem parte do Spring Data.

Mas, caso uma anotação estivesse explicitamente declarada em **CrudRepository** seria algo mais ou menos assim:

```
@Transaction(readOnly = true, propagation = Propagation.REQUIRED)
public interface CrudRepository<T, ID extends Serializable>

        extends Repository<T, ID> {

        // código omitido nesta listagem

}
```

Neste exemplo, foram destacadas apenas as propriedades **readOnly** e **propagation**, todas as demais são configuradas com o valor padrão referente a cada propriedade já apresentada anteriormente.

Veja que embora a **readOnly** tenha por padrão da anotação o valor **false**, ou seja, para leitura e escrita, a interface **CrudRepositoty** configurou este valor como **true**, limitando os métodos apenas para leitura.

Internamente, os métodos de escrita desta interface sobrescrevem o valor **true** para **false**. Assim, os métodos de escrita herdados podem ser usados normalmente para esta operação, mas quando você criar os seus próprios métodos de escrita, vai precisar sobrescrever o valor padrão de **CrudRepository**.

Portanto, para sobrescrever o valor padrão de qualquer propriedade já definida por **CrudRepository**, basta incluir a anotação diretamente nos métodos de sua interface que precisa sofrer a alteração no processo transacional.

Confira um breve exemplo de como proceder com esta alteração no método **deleteEndereco()** da interface **EnderecoRepository**:

```
@Transactional(readOnly = false)
@Modifying
@Query("delete from Endereco e where e.id = ?1")
int deleteEndereco(Long id);
```

Com a inclusão de **@Transaction** e sua propriedade **readOnly** como **false**, tornamos o método **deleteEndereco()** perfeitamente executável para escrita, sem que a exceção citada anteriormente seja lançada.

Entretanto, o controle transacional não precisa ser adicionado diretamente dentro da interface de repositório. O ideal é que isto seja realizado em outra camada, que não a de persistência, como a camada de serviço.

Isto porque, quando se inclui esse controle no repositório, você está definindo uma transação exclusiva para aquele método. Se outro método for executado, ele não vai compartilhar essa transação. E em alguns casos é uma boa ideia compartilhar a transação entre a execução de diferentes métodos.

Então, observe a seguinte situação em que o controle transacional é distinto para uma única operação que trabalha com dois métodos do repositório. Para isso, observe o código apresentado na **Listagem 5.1**.

LISTAGEM 5.1: EXECUTANDO DOIS MÉTODOS COM DIFERENTES TRANSAÇÕES.

```
@Service
public class EnderecoService {

    @Autowired
    private EnderecoRepository enderecoRepository;

    @Autowired
    private ContatoRepository contatoRepository;

    public void salvar(Endereco endereco, Contato contato) {

        enderecoRepository.save(endereco);

        contatoRepository.save(contato);
    }
}
```

Analisando o código da classe **EnderecoService** se pode notar que existem dois *beans* injetados: **EnderecoRepository** e **ContatoRepository**. A operação a ser realizada está no método **salvar()**.

Veja que este método recebe dois objetos como argumentos, um com os dados do endereço e outro com os dados do contato.

Quando a tabela **Contatos** foi criada no banco de dados, a coluna de chave estrangeira que representa **Enderecos** foi incluída com a instrução **not null**. Assim, para salvar um contato, obrigatoriamente deve ter um endereço.

No método **salvar()** existe a chamada a dois outros métodos e cada um deles vai usar seu próprio controle de transação. Isto porque, este controle está definido nos repositórios de **Endereco** e de **Contato**.

Então, o processo será o seguinte:

1. A ação **enderecoRepository.save()** vai usar uma transação exclusiva, que vai salvar o endereço no banco de dados e confirmar o sucesso da transação;

2. A ação **contatoRepository.save()** vai usar uma transação exclusiva, que vai tentar salvar a entidade **contato**. Como o objeto **contato** não contém um **endereco**, uma exceção de integridade será lançada pelo banco de dados e a operação não será confirmada. Assim, o contato não será salvo na tabela.

Após essas duas ações, o resultado será: um endereço salvo no banco de dados, sem nenhum contato vinculado a esse endereço.

Agora, vamos analisar um novo cenário, onde o controle transacional é único para os métodos **enderecoRepository.save()** e **contatoRepository.save()**.

Para isso, será necessário adicionar a anotação de transação no topo do método **salvar()** de **EnderecoService**, como mostra a **Listagem 5.2**.

LISTAGEM 5.2: EXECUTANDO DOIS MÉTODOS EM UM MESMO CONTROLE DE TRANSAÇÃO.

```
@Service
public class EnderecoService {

    @Autowired
    private EnderecoRepository enderecoRepository;

    @Autowired
    private ContatoService contatoRepository;

    @Transactional(readOnly = false)
    public void salvar(Endereco endereco, Contato contato) {

        enderecoRepository.save(endereco);

        contatoRepository.save(contato);
    }
}
```

Usando este novo cenário, os processos decorrentes desta operação seriam os seguintes:

1. O método **salvar()** de **EnderecoService** vai abrir uma transação;
2. A ação **enderecoRepository.save()** vai usar a transação existente e salvar o endereço no banco de dados, sem executar a confirmação (*commit*);
3. A ação **contatoRepository.save()** vai usar a transação existente e tentará salvar a entidade **contato**. Como este objeto **contato** não contém um **endereco**, uma exceção de integridade será lançada;
4. Como uma exceção foi lançada dentro da transação, um *rollback* será executado em todas as operações da transação. Desta forma, a operação do passo 2 não sofrerá a confirmação, assim como, a do passo 3;

Analisando esses quatro passos apresentados, é possível deduzir que um endereço não foi salvo no banco de dados devido ao *rollback*. Diferentemente do que aconteceu no processo em que cada operação tinha seu próprio controle transacional.

Por isso, acaba sendo mais vantajoso trabalhar com o controle de transações fora dos repositórios. Fica mais fácil controlar as operações que precisam ser executadas no contexto em que uma depende do sucesso de outra.

Agora que o processo de controle de transações foi explicado, para evitar que uma exceção venha a ocorrer no método **salvar()**, basta proceder como no exemplo a seguir:

```
@Transactional(readOnly = false)
public void salvar(Endereco endereco, Contato contato) {

        enderecoRepository.save(endereco);

        contato.setEndereco(endereco);

        contatoRepository.save(contato);
}
```

Assim, a exceção de integridade não seria lançada por conta da não existência de um objeto **endereco** ao salvar a entidade **contato**.

CONCLUSÃO

O capítulo apresentou brevemente algumas características e conceitos do sistema de controle transacional utilizado pelos repositórios do Spring Data.

Como citado, é importante conhecer este processo de transações, para saber a forma mais adequada de utiliza-lo nos métodos ou classes de seus projetos. Tendo essa base inicial de conhecimento, você será capaz de manipular as transações com o Spring de forma adequada.

Capítulo 6

CONSULTAS VIA SPECIFICATIONS

Durante os capítulos anteriores foram abordadas algumas formas distintas de se trabalhar com consultas via Spring Data JPA como Query by Example, Palavras-chaves, JPQL e SQL.

Entretanto, existe um recurso lançado a partir da versão 2.0 da especificação JPA que é conhecido como Criteria API. O qual segue uma ideia em que classes e interfaces fornecem métodos que representam cláusulas e funções da JPQL.

Assim, ao invés de escrever uma *string* com a consulta em JPQL, a consulta é baseada apenas em código Java. Algo similar com o que já foi apresentado nas operações com Query by Example.

Já o Spring Data JPA aproveitou a Criteria API como um recurso a mais, contudo, para usá-lo é necessário trabalhar com um conceito chamado Specifications, elaborado por Eric Evans e apresentado na obra Domain Driven Design.

Este conceito ou padrão de projetos tem como objetivo tornar flexíveis as regras existentes na construção de consultas a bancos de dados. Imagine que você elaborou dois ou mais métodos de consulta e que tenha uma forma de mesclar o retorno desses métodos para obter um novo resultado.

O Specifications surgiu para proporcionar algo deste tipo, assim, ele se propõe a separar as regras usadas na elaboração das consultas. Possibilitando que um único método possa executar diferentes consultas. Para que isso ocorra, as regras são encapsuladas em objetos chamados de predicados, que representam argumentos do método de consulta na camada de persistência.

O Spring Data JPA tem uma implementação base para se trabalhar com Specifications. Sendo assim, ele fornece uma interface central chamada **Specification**, a qual tem um único método que retorna um objeto **Predicate**, que vai exercer o papel do predicado de uma consulta.

Esta interface é encontrada no pacote **org.springframework.data.jpa.domain** e tem a seguinte estrutura:

```
import javax.persistence.criteria.CriteriaBuilder;
import javax.persistence.criteria.CriteriaQuery;
import javax.persistence.criteria.Predicate;
import javax.persistence.criteria.Root;

public interface Specification<T> {

    Predicate toPredicate(Root<T> root,
                          CriteriaQuery<?> query,
                          CriteriaBuilder cb);
}
```

Veja que todos os objetos da lista de argumentos e também o tipo de retorno do método **toPredicate()** fazem parte do pacote **javax.persistence.creteria**, sendo eles, objetos da Criteria API na especificação JPA. É a partir dessa lista de argumentos que uma consulta específica é criada para depois poder ser mesclada a outras consultas.

Porém, é ainda preciso dizer ao repositório do Spring Data JPA que você vai trabalhar com o recurso de Specifications fornecido por ele. Isso é feito a partir do uso da interface **JpaSpecificationExecutor** do pacote **org.springframework.data.jpa.repository**. O código contido nela pode ser visto a seguir:

```
import java.util.List;

import org.springframework.data.domain.Page;
import org.springframework.data.domain.Pageable;
import org.springframework.data.domain.Sort;
import org.springframework.data.jpa.domain.Specification;

public interface JpaSpecificationExecutor<T> {

    T findOne(Specification<T> spec);

    List<T> findAll(Specification<T> spec);

    Page<T> findAll(Specification<T> spec, Pageable pageable

    List<T> findAll(Specification<T> spec, Sort sort);

    long count(Specification<T> spec);
}
```

Observe que esta interface tem uma lista de métodos com nomes idênticos a alguns já analisados em outras interfaces como a **JpaRepository** e **CrudRepository**.

Contudo, na lista de argumentos de cada um deles, está contido um objeto do tipo **Specification**. O que é bastante importante, mas veremos mais sobre isso em outro momento.

MÉTODOS BASEADOS EM ESPECIFICAÇÕES

Agora que alguns conceitos sobre o padrão Specifications foram apresentados, é hora de ver como fazer uso dele. O primeiro passo é criar uma classe que vai conter os métodos que implementam a interface **Specification**.

Para isso, é possível empregar classes anônimas ou mesmo expressões lambda. A classe **EnderecoSpecification** será usada para exemplificar alguns métodos, conforme apresentados na **Listagem 6.1**.

LISTAGEM 6.1: CLASSE CONTATOSPECIFICATION.

```
package com.mballem.livro.specification;

import org.springframework.data.jpa.domain.Specification;
import com.mballem.livro.entity.Endereco;
import com.mballem.livro.entity.Endereco.TipoEndereco;

public class EnderecoSpecification {

    public static Specification<Endereco> byCidade(String cidade) {

        return (root, query, builder) ->
                    builder.like(root.get("cidade"), cidade);
    }

    public static Specification<Endereco> byLogradouro(String log) {

        return (root, query, builder) ->
                    builder.like(root.get("logradouro"), log);
    }

    public static Specification<Endereco> byEstado(String estado) {

        return (root, query, builder) ->
                    builder.like(root.get("estado"), estado);
    }

    public static Specification<Endereco> byTipoEnd(TipoEndereco tipo) {

        return (root, query, builder) ->
                    builder.equal(root.get("tipoEndereco"), tipo);
    }
}
```

Observe que a classe contém um grupo de métodos, onde cada um deles usa os elementos da Criteria API para fazer consultas individuais referentes aos atributos da entidade **Endereco**.

Esses métodos têm como retorno um objeto do tipo **Specification** e no corpo deles há expressões lambda para a implementação do método **toPredicate()** da interface **Specification**.

O importante a observar em **EnderecoSpecification** é que a classe tem métodos de buscas específicos por determinados elementos que representam os atributos da classe **Endereco**.

> As expressões Lambda, lançadas no Java 8, representam uma função anônima. Elas são como métodos, mas não são na verdade um método, porque não possuem um nome ou um modificador de acesso e nem mesmo estão associadas a uma classe. A ideia é que a expressão seja declarada no mesmo lugar em que fosse preciso usar uma classe anônima ou um método, mas com um código muito mais reduzido.

O passo seguinte é informar ao Spring Data JPA que estaremos usando o recurso de Specifications e para isso, é necessário estender a interface **JpaSpecificationExecutor** em **EnderecoRepository**, como no código da **Listagem 6.2**.

Listagem 6.2: Estendendo JpaSpecificationExecutor em EnderecoRepository.

```
public interface EnderecoRepository extends
                                          JpaRepository<Endereco, Long>,
                                          JpaSpecificationExecutor<Endereco> {

    // código anterior omitido nesta listagem
}
```

Por fim, na classe **EnderecoService** vão ser incluídos alguns novos métodos, que serão aqueles a utilizar as consultas específicas criadas em **EnderecoSpecification**. Veja o primeiro método a ser apresentado na **Listagem 6.3**.

LISTAGEM 6.3: MÉTODO DE CONSULTA VIA SPECIFICATION.

```
@Service
public class EnderecoService {

    // código anterior omitido nesta listagem

    public List<Endereco> buscaPorCidadeSpec(String cidade) {
        return repository.findAll(EnderecoSpecification.byCidade(cidade));
    }
}
```

Analisando o método **buscaPorCidadeSpec()** veja que **findAll()** recebe como parâmetro o método **byCidade()** de **EnderecoSpecification**.

Lembre-se que este **findAll()** tem como argumento um objeto **Specification** e o método **byCidade()** tem um retorno desse tipo. É claro que uma consulta por cidade é muito simples e poderia ser realizada via palavras-chaves ou anotação **@Query** sem esforço algum.

Mas este foi apenas um exemplo, para que fique claro que a ideia é usar um método como parâmetro em uma consulta, já que **findAll()** é um método de consulta do repositório.

Veja agora na **Listagem 6.4** um novo método que vai localizar endereços por tipo de endereço em um determinado estado.

LISTAGEM 6.4: MÉTODO DE CONSULTA USANDO A CLASSE SPECIFICATIONS.

```
@Service
public class EnderecoService {

    // código anterior omitido nesta listagem

    public List<Endereco> buscaPorTipoEstadoSpec(TipoEndereco tipo,
                                                   String estado) {
        return repository.findAll(
            Specifications
                .where(EnderecoSpecification.byTipoEnd(tipo))
                .and(EnderecoSpecification.byEstado(estado))
        );
    }
}
```

Observando com cuidado, é possível ver que **buscaPorTipoEstadoSpec()** tem um novo elemento em relação a **buscaPorCidadeSpec()**.

Este elemento em questão, é a classe **Specifications**, do pacote **org.springframework.data.jpa.domain**. Esta classe fornece uma lista de métodos para que possa mesclar diferentes consultas e assim, obter um único resultado. A lista completa pode ser vista a seguir:

- ✔ **where()** - método estático usado como a primeira parte de uma consulta e simula a cláusula **where** da JPQL;
- ✔ **not()** - método estático usado como a primeira parte de uma consulta, embora possa ser adicionado na sequência dos métodos **where()**, **not()**, **or()** ou **and()**. Tem como objetivo negar o resultado da consulta que ele recebe como parâmetro;
- ✔ **and()** - sempre usado na sequência de um **where()**, **not()**, **or()** ou **and()**. Tem a mesma função que o **and** da JPQL;
- ✔ **or()** - deve ser adicionado na sequencia de um **where()**, **not()**, **or()** ou **and()**. Tem a mesma função que o **or** da JPQL;

Perceba que o método **buscaPorTipoEstadoSpec()** está trabalhando com o **findAll()** do repositório, mesmo método que foi utilizado por **buscaPorCidadeSpec()**.

Porém, dessa vez, o **findAll()** recebe um objeto **Specification** com duas consultas (**byTipoEnd()** e **byEstado()**), que vão ser mescladas e gerar um único resultado a partir dessa mescla.

A combinação de métodos recebida por **Specifications** ainda poderia receber mais critérios para a consulta, como mostra a **Listagem 6.5**:

Listagem 6.5: Método com cláusula NOT e AND.

```
public class EnderecoService {

    // código anterior omitido nesta listagem

    public List<Endereco> buscaPorTipoEstadoSemCidadeSpec(
                                                TipoEndereco tipo,
                                                String estado,
                                                String cidade) {

        return repository.findAll(
            Specifications
                .not(EnderecoSpecification.byCidade(cidade))
                .and(EnderecoSpecification.byTipoEnd(tipo))
                .and(EnderecoSpecification.byEstado(estado))
        );
    }
}
```

Veja que desta vez, o primeiro método utilizado é o **not()**, que recebe como parâmetro o método **byCidade()**. Na sequência, duas cláusulas **and** são adicionadas para o tipo de endereço e estado.

O resultado desta consulta vai trazer todos os endereços de um determinado tipo, pertencentes a um determinado estado, mas excluindo uma determinada cidade referente a este estado.

Existe um consenso neste padrão de projeto que diz que devemos elaborar pelo menos um método de predicado para cada atributo da classe de entidade. Assim, se torna possível realizar uma larga combinação entre esses métodos para alcançar diferentes resultados.

Outros métodos também podem ser criados e aumentar ainda mais a variedade de combinações, como para um atributo **idade** poderia existir um método que localize pelo valor específico da idade; outro por idade "maior que"; e uma pesquisa por idade "menor que"; ou mesmo uma consulta por um intervalo entre idades.

CONCLUSÃO

Este capítulo apresentou como trabalhar com o padrão Specifications que já é pré-implementado pelo Spring Data JPA.

Contudo, o intuito principal foi demonstrar que é possível também utilizar a API Criteria da especificação JPA em um projeto baseado no Spring Data.

Mais uma vez, fica por sua conta definir qual o tipo de consulta prefere utilizar em seus projetos. Como foi possível ver até este momento, o Spring Data JPA fornece diferentes formas para isso e com certeza uma delas terá a sua preferência.

Capítulo 7

AUDITORIA

Quando se trabalha com banco de dados a segurança também é algo a ser levado em consideração. Um recurso bastante utilizado como parte desse objetivo é a Auditoria.

Essa prática tem como foco criar uma espécie de log para identificar, por exemplo, quando e quem realizou uma determinada ação no banco de dados. Deste modo, analisando o log é possível obter informações como, quando um usuário autenticou no sistema, se ele alterou, apagou ou inseriu algum registro, entre outas informações a se desejar.

Uma forma bastante comum de registrar logs de auditoria é por meio de *triggers*, já que grande parte dos sistemas gerenciadores de banco de dados não possuem um recurso próprio para este fim.

Porém, há quem diga que trabalhar com *triggers* seria inadequado para este caso, já que pode onerar o banco de dados por adicionar rotinas que são executadas a cada ação realizada.

Por conta disso, alguns desenvolvedores preferem trabalhar com a auditoria via aplicação, ao invés de usar *triggers* no banco de dados. Deste modo, os logs são registrados a partir das operações realizadas na aplicação, ou seja, se uma ação de inserção é executada, esta própria operação já registra o log.

Uma vantagem desta prática é que o desenvolvedor não precisa se preocupar com qual SGBD vai lidar, diferentemente de quando usa *triggers*.

O uso de triggers necessita que elas sejam criadas diretamente no SGBD e cada SGBD tem sua própria estrutura para criar uma *trigger*.

> O termo trigger (gatilho em inglês) define um recurso no banco de dados que funciona como uma função que é disparada mediante alguma ação. Normalmente, essas ações que disparam os triggers, são alterações nas tabelas por meio de operações de inserção, exclusão e atualização.

AUDITANDO COM SPRING DATA JPA

Para aqueles que pretendem usar o Spring Data JPA em seus próximos projetos, o uso de auditoria vai se tornar bastante simples. Isto porque, o Spring fornece uma implementação para este recurso e há algumas diferentes formas de utilizá-la, por exemplo, via interface **org.springframework.data.domain.Auditable**:

```
public interface Auditable<U, ID extends Serializable>
     extends Persistable<ID> {

    U getCreatedBy();

    void setCreatedBy(final U createdBy);

    DateTime getCreatedDate();

    void setCreatedDate(final DateTime creationDate);

    U getLastModifiedBy();

    void setLastModifiedBy(final U lastModifiedBy);
```

```
    DateTime getLastModifiedDate();

    void setLastModifiedDate(final DateTime lastModifiedDate);
}
```

Essa talvez seja a forma mais complicada de usar este recurso, já que você teria que implementar cada um dos métodos da interface. Então, uma opção mais simples é estender a classe abstrata **org.springframework.data.jpa.domain.AbstractAuditable** a qual é uma implementação da interface **Auditable**, como se pode ver a seguir:

```
@MappedSuperclass
public abstract class AbstractAuditable<U, PK extends Serializable>
        extends AbstractPersistable<PK>
        implements Auditable<U, PK> {

    private static final long serialVersionUID =
                                        141481953116476081L;

    @ManyToOne
    private U createdBy;

    @Temporal(TemporalType.TIMESTAMP)
    private Date createdDate;

    @ManyToOne
    private U lastModifiedBy;

    @Temporal(TemporalType.TIMESTAMP)
    private Date lastModifiedDate;

    // getters/setters foram omitidos nesta listagem
}
```

Outro ponto a destacar é que **AbstractAuditable** estende a classe **AbstractPersistable**, a qual já foi abordada no capítulo 3. Então, seria possível substituir **AbstractPersistable** por **AbstractAuditable** sem ter nenhum impacto negativo em suas entidades.

Para usar o sistema de auditoria do Spring Data é necessário incluir ao projeto a dependência "spring aspects" do Spring Framework:

```
<dependency>
      <groupId>org.springframework</groupId>
      <artifactId>springaspects</artifactId>
      <version>4.3.7.RELEASE</version>
</dependency>
```

Observando o código é possível notar que existem quatro atributos mapeados via JPA. Esses estarão fazendo a referência aos métodos **set/get** de **Auditable**. E a função dos atributos mapeados é registrar no log de auditoria a seguinte informação:

- ✔ **createdBy** - salva em uma coluna o nome do usuário que realizou a inserção da entidade;
- ✔ **createdDate** - registra em uma coluna a data e hora que a inserção foi realizada;
- ✔ **lastModifiedBy** - quando uma edição for realizada na entidade, esta instrução vai salvar em uma coluna o nome do usuário que realizou a alteração;
- ✔ **lastModifiedDate** - registra a data e hora que a alteração foi realizada na entidade.

Desta forma, cada tabela no banco de dados deverá ter quatro colunas adicionais para o log de auditoria. Mas ainda há outra maneira de lidar com este recurso, que é usando algumas anotações na própria classe de entidade, ao invés da classe **AbstractAuditable** ou da interface **Auditable**.

Veja o exemplo a seguir, na **Listagem 7.1**, que demonstra este processo na entidade **Contato**.

LISTAGEM 7.1: USANDO ANOTAÇÕES PARA AUDITAR.

```
@EntityListeners(AuditingEntityListener.class)
public class Contato extends AbstractPersistable<Long> {

    // atributos já apresentados foram omitidos nesta listagem

    @Column(name = "created_by")
    @CreatedBy
    private String createdBy;

    @Column(name = "created_date")
    @CreatedDate
    private Date createdDate;

    @Column(name = "modified_by")
    @LastModifiedBy
    private String modifiedBy;

    @Column(name = "modified_date")
    @LastModifiedDate
    private Date modifiedDate;

    // getters/setters foram omitidos nesta listagem
}
```

Analisando a classe **Contato**, observe que foram adicionados quatro atributos: **createdBy**, **createdDate**, **modifiedBy** e **modifiedDate**.

Esses atributos poderiam ser nomeados de qualquer outra forma, isto porque, o importante são as anotações do Spring que vão fazer a referência ao recurso de auditoria.

Estas anotações são a **@CreatedBy**, **@CreatedDate**, **@LastModifiedBy** e **@LastModifiedDate** e, o objetivo de cada uma delas é o mesmo dos atributos já apresentados na classe **AbstractAuditable**.

Além disso, é preciso ainda incluir um ouvinte na entidade para que o Spring saiba quando um objeto do tipo contato está sendo criado ou alterado e assim, atribuir automaticamente os valores que serão salvos na tabela do banco de dados nos atributos anotados.

O registro do ouvinte é realizado pela anotação da JPA **@EntityListeners** e, como valor, a anotação recebe a classe **AuditingEntityListener**.

Esta classe é fornecida pelo Spring Data JPA e está no pacote **org.springframework.data.jpa.domain.support**.

É claro que para ter no registro de log o usuário que está realizando uma ação no banco de dados, é necessário que a aplicação tenha um sistema de autenticação, por exemplo, o Spring Security. Neste caso, será preciso integrar os conceitos de autenticação e de auditoria. Para isso, o Spring tem dois passos necessários.

O primeiro, é criar uma classe que implemente a interface **AuditorAware** para ter acesso ao método **getCurrentAuditor()**. Este método vai fazer com que se tenha acesso ao nome do usuário que está autenticado na aplicação, para que o recurso de auditoria possa usá-lo no registro do log.

Entretanto, a implementação do corpo do método fica por conta do desenvolvedor e um exemplo simples que pode ser usado está presente na **Listagem 7.2**.

LISTAGEM 7.2: O MÉTODO GETCURRENTAUDITOR().

```
import org.springframework.data.domain.AuditorAware;
import org.springframework.security.core.Authentication;
import org.springframework.security.core.context.SecurityContextHolder;
import org.springframework.security.core.userdetails.User;

public class SpringSecurityAuditorAware implements AuditorAware<String> {

    public String getCurrentAuditor() {

        Authentication auth = SecurityContextHolder
                                    .getContext()
                                    .getAuthentication();

        if (auth == null || !auth.isAuthenticated()) {
            return null;
```

```
        }
        return ((User) auth.getPrincipal()).getUsername();
    }
}
```

Basicamente o processo do método é recuperar um objeto **Authentication** a partir do contexto do Spring Security. Com esse objeto recuperado, basta retornar o nome do usuário.

O Spring vai ter acesso ao usuário autenticado por meio da classe **UserDetailService**, usada pelo Spring Security para autenticar um usuário.

Feito isso, o passo seguinte é informar ao Spring que a aplicação vai trabalhar com o recurso de autenticação e também de onde o nome do usuário autenticado deve ser recuperado. Esse processo é bem fácil, como mostra a **Listagem 7.3**.

Listagem 7.3: Habilitando o Sistema de Auditoria.

```
import org.springframework.context.annotation.Bean;
import org.springframework.data.domain.AuditorAware;
import org.springframework.data.jpa.repository.config.EnableJpaAuditing;
import org.springframework.stereotype.Component;

@Component
@EnableJpaAuditing
public class SpringAuditingConfig {

    @Bean
    public AuditorAware<String> auditorAware() {

        return new SpringSecurityAuditorAware();
    }
}
```

Veja que a classe **SpringAuditingConfig** foi anotada com **@Component** para transformá-la em um *bean* gerenciado pelo Spring e **@EnableJpaAuditing** para habilitar o recurso de auditoria.

Além disso, outro *bean*, o **auditorAware**, foi incluído na classe, como um método, com a finalidade de dizer em qual local o Spring deve recuperar o nome do usuário, neste caso a classe **SpringSecurityAuditorAware** apresentada na **Listagem 7.2**.

Com isso, o sistema de auditoria está configurado e pronto para ser usado na tabela de **Contatos**. Sempre que um usuário autenticado inserir ou alterar um registro, seu nome de usuário e a data das ações serão incluídos automaticamente na mesma operação de **insert** ou **update**.

*Quando abordamos a anotação **@Modifying**, foi dito que seria possível, a partir dela, trabalhar com instruções de update. Porém, o sistema de auditoria só vai funcionar em ações de update caso seja pelo método **save()**. Com a anotação, o recurso de auditoria não vai conseguir fazer o registro no log.*

CONCLUSÃO

O capítulo abordou o recurso de auditoria, o qual já faz parte do Spring Data JPA. Esta é uma boa opção para substituir o uso de *triggers* em bancos de dados.

Talvez você tenha um pouco mais de trabalho se quiser incluir informações adicionais no log, além daquelas que foram apresentadas. Este processo é possível, por exemplo, criando uma classe de entidade que represente uma entidade de log.

Mas para isso, é preciso estudar um pouco sobre as interfaces e classes do sistema de auditoria do Spring, então, não deixe de complementar seus estudos lendo a documentação oficial do Spring Data JPA ou mesmo do Spring Framework.

Capítulo 8

MULTI-TENANCY

O conceito denominado *Multi-Tenancy* ou *Multi-Tenant*, parte do princípio que uma única aplicação poderá trabalhar simultaneamente com múltiplos clientes (*tenants*). Onde cada cliente pode ter seu próprio banco de dados ou mesmo compartilhar as mesmas tabelas.

Este cenário pode parecer estranho e incomum, mas é algo que se populariza principalmente com o surgimento de *Cloud Computing* (Computação em Nuvens) e serviços do tipo SaaS (Software como Serviço).

Desta forma, uma única aplicação, hospedada em uma nuvem, poderia ser utilizada por diferentes clientes. Onde cada cliente seria, por exemplo, uma diferente empresa.

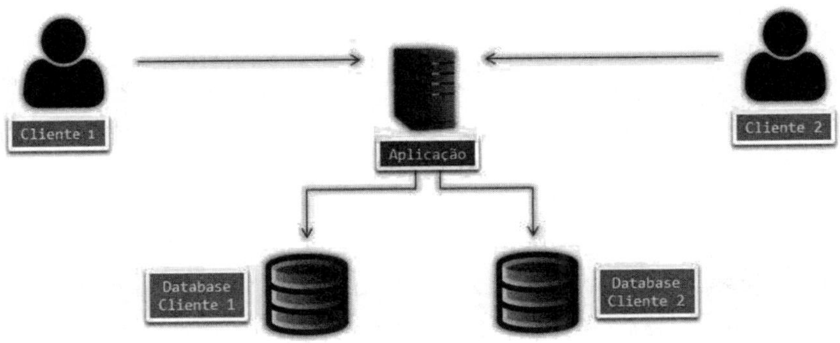

Figura 8.1: Estratégia: Banco de dados separados.

Durante a implementação de uma aplicação *Multi-Tenancy* é importante definir a melhor estratégia para gerenciar ou alocar os dados de cada um dos clientes.

Contudo, definir qual estratégia será a melhor para uma aplicação depende muito do cenário que a aplicação vai servir. As estratégias disponíveis atualmente são as seguintes:

- ✔ **Bancos de dados separados** - cada cliente tem seu próprio banco de dados. Neste cenário uma aplicação poderia lidar ao mesmo tempo com diferentes SGBDs (Figura 8.1);
- ✔ **Separação por esquemas** - os clientes compartilham um mesmo banco de dados, mas cada cliente vai ter seu próprio esquema (*schema*) de tabelas (Figura 8.2);

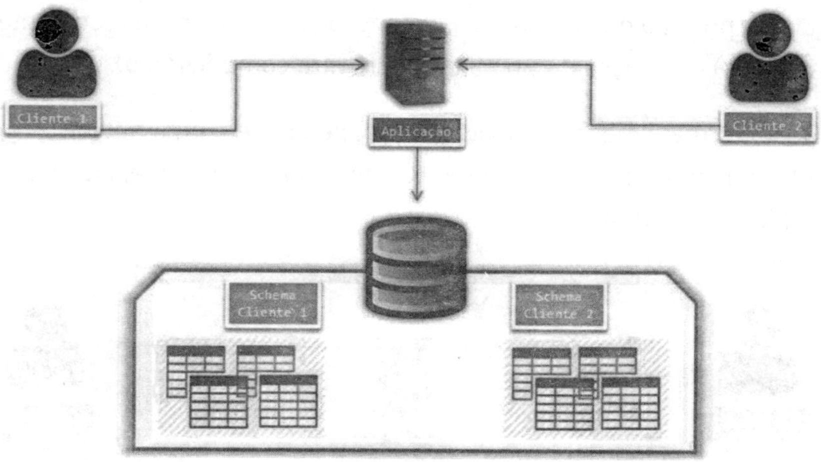

FIGURA 8.2: ESTRATÉGIA: SEPARAÇÃO POR ESQUEMAS.

- ✔ **Esquemas compartilhados** - os clientes compartilham um mesmo esquema de tabelas em um mesmo banco de dados. E cada tabela deverá ter uma coluna adicional que vai servir como um identificador (**`tenant_id`**). Assim, sempre que uma linha for inserida na tabela, a coluna vai receber o identificador do cliente que está realizando tal ação (Figura 8.3).

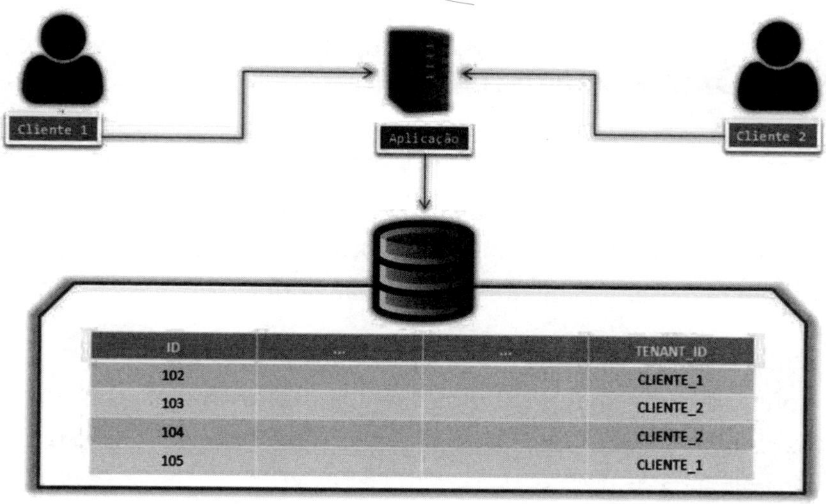

FIGURA 8.3: ESTRATÉGIA: ESQUEMAS COMPARTILHADOS.

Entre as estratégias citadas, a de esquema compartilhado talvez seja a menos indicada na maioria dos cenários. Isto porque, compartilhar um mesmo esquema resultaria em uma dificuldade maior para realização de backups individuais dos dados de cada cliente.

Além disso, o esquema por ser único, cresceria rapidamente dependendo do número de clientes, o que poderia acarretar em uma perda significativa de desempenho em operações de leitura e escrita.

Outro problema é em relação a falhas, por exemplo, se algo der errado com os dados de um cliente, a recuperação dos dados refletiria negativamente nos demais clientes, já que o esquema poderia ficar fora de serviço até que fosse recuperado.

Então, sempre que for escolher qual estratégia será usada, é importante levar em consideração o número de clientes, o propósito da aplicação, o custo para gerar ou restaurar backups, o nível de confiabilidade dos dados e outros pontos que você possa achar relevante.

SPRING DATA E MULTI-TENANCY

Desenvolver uma aplicação baseada em *Multi-Tenancy* pode ser algo bem trabalhoso. Por conta disso, alguns frameworks ORM como Hibernate e EclipseLink fornecem um sistema de configuração que auxilia neste processo e também pode ser facilmente integrado ao Spring.

Sendo assim, será abordado a seguir um exemplo de como configurar, via Spring, o recurso de múltiplos clientes pela estratégia de bancos de dados separados. Para isso, vai ser necessário ter uma conexão diferente com cada banco de dados.

No Spring Data JPA uma conexão é realizada via objeto DataSource. Deste modo, cada cliente deverá ter um DataSource exclusivo, para assim, ter acesso apenas ao seu próprio banco de dados.

Portanto, na **Listagem 8.1** será apresentada a classe que vai conter cada um dos objetos de conexão e serão usados dois bancos de dados, o HSQL Database e o H2 Database.

LISTAGEM 8.1: CLASSE MULTITENANCYDATASOURCE.

```
@Component
public class MultiTenancyDataSource {

    @Bean(name={ "dataSource", "dataSource1" })
    public DataSource dataSource1() {
        BoneCPDataSource ds = new BoneCPDataSource();
        ds.setDriverClass("org.hsqldb.jdbcDriver");
        ds.setJdbcUrl("jdbc:hsqldb:mem:tenant_1");
        ds.setUsername("sa");
        ds.setPassword("");
        return ds;
```

```
    }

    @Bean(name="dataSource2")
    public DataSource dataSource2() {
        BoneCPDataSource ds = new BoneCPDataSource();
        ds.setDriverClass("org.h2.Driver");
        ds.setJdbcUrl("jdbc:h2:mem:tenant_2");
        ds.setUsername("sa");
        ds.setPassword("");
        return ds;
    }
}
```

A classe em questão é muito simples, ela possui apenas dois métodos, onde cada método foi anotado com **@Bean**. Este processo é importante para que o Spring Framework controle os objetos, do tipo DataSource, sempre que a aplicação precisar interagir com algum banco de dados.

Mas perceba que cada anotação recebeu um valor no atributo **name**, o qual tem a função de renomear o *bean*.

Por padrão, o Spring Framework nomeia os *beans* a partir do nome do método. Mas quando existem *beans* do mesmo tipo de retorno, é preciso informar qual *bean* terá a prioridade na inicialização.

Alguns *beans*, entre eles o DataSource, o Spring vai sempre procurar na inicialização por um nome predefinido, por este motivo, o atributo **name** do método **dataSource1()** recebeu um array com dois nomes.

O nome padrão, **dataSource** e, um segundo nome que é **dataSource1**. Esse segundo nome não seria necessário, mas foi utilizado para deixar claro que esse é o DataSource de número um. Já o método **dataSource2()** teve o *bean* nomeado como **dataSource2**.

O próximo passo é informar ao Spring Data que ele deverá usar um sistema de Multi-Tenancy e isso é feito na classe de configuração do Spring Data JPA, conforme exibe a **Listagem 8.2**.

LISTAGEM 8.2: INJEÇÃO DE BEANS NA CLASSE SPRINGDATACONFIG.

```
@Configuration
@EnableJpaRepositories("com.mballem.livro.repository")
@EnableTransactionManagement
public class SpringDataConfig {

    @Autowired
    private DataSource dataSource;
    @Autowired
    private MultiTenancyDataSourceProvider multiTenancyDataSourceProvider;
    @Autowired
    private CurrentTenantIdentifierResolver currentTenantIdResolver;

    @Bean
    public PlatformTransactionManager transactionManager() {

        // código idêntico ao apresentado na Listagem 2.4
    }
}
```

Analisando o trecho de código apresentado, perceba que foram injetados três *beans* e, a função de cada um deles é a seguinte:

- ✔ **dataSource** - este *bean* vai conter a instância do **dataSource1** ou **dataSource2** para ser atribuído ao EntityManagerFactory. Isto vai depender de qual DataSource o usuário vai ter selecionado. Se o usuário não selecionar nenhum DataSource, o padrão será o **dataSource1**;
- ✔ **multiTenancyDataSourceProvider** - a classe referente a este *bean* ainda será apresentada, mas sua função é informar ao Hibernate qual DataSource estará sendo utilizado;
- ✔ **currentTenantIdentifierResolver** - este *bean* é uma interface do Hibernate que precisa ser implementada para que o **tenant_id** escolhido pelo usuário seja informado ao Hibernate. Com isso, o Hibernate vai poder enviar esta informação à classe **MultiTenancyDataSourceProvider**, para que ela selecione o DataSource correto.

Agora que a função de cada um dos três *beans* foi apresentada, chegou a hora de ver onde e como eles serão usados na classe **SpringDataConfig**.

Para isso, confira a **Listagem 8.3**, onde há o método que informa ao Hibernate que a aplicação será do tipo Multi-Tenancy.

LISTAGEM 8.3: PROPRIEDADES DE MULTI-TENANCY DO HIBERNATE.

```
public class SpringDataConfig {

    // código apresentado na Listagem 8.2 foi omitido

    private Map<String, Object> multiTenancyJpaProperties() {

        Map<String, Object> hibernateProps = new HashMap<>();

        hibernateProps.put(Environment.USE_NEW_ID_GENERATOR_MAPPINGS,
                           "false");
        hibernateProps.put(Environment.MULTI_TENANT,
                           MultiTenancyStrategy.DATABASE);
        hibernateProps.put(Environment.MULTI_TENANT_CONNECTION_PROVIDER,
                           multiTenancyDataSourceProvider);
        hibernateProps.put(Environment.MULTI_TENANT_IDENTIFIER_RESOLVER,
                           currentTenantIdResolver);

        return hibernateProps;
    }
}
```

Este método tem como responsabilidade retornar um objeto do tipo **java.util.Map** com propriedades do Hibernate que serão adicionadas à configuração da EntityManagerFactory. As propriedades em questão são as seguintes:

- ✔ **USE_NEW_ID_GENERATOR_MAPPINGS** - esta propriedade deve ser configurada como **false** quando bancos de dados distintos são utilizados em Multi-Tenancy. Isto porque, cada banco de dados tem um tipo padrão e diferente de geração de chaves. Caso não adicionada, uma exceção poderá ser lançada;

- ✔ **MULTI_TENANT** - aqui é configurada a estratégia que será utilizada. O Hibernate fornece as propriedades **DATABASE** (diferentes bancos de dados), **DISCRIMINATOR** (separação por esquemas), **SCHEMA** (esquema compartilhado) e **NONE** (sem multi-tenancy);

- ✔ **MULTI_TENANT_CONNECTION_PROVIDER** - o valor desta propriedade é o *bean* injetado na classe pela variável **multiTenancyDataSourceProvider**. É a partir desta configuração que o Hibernate vai conhecer a classe que determina o DataSource;

- ✔ **MULTI_TENANT_IDENTIFIER_RESOLVER** - o valor desta propriedade é o *bean* injetado na classe pela variável **currentTenantIdResolver**. Por esta configuração o Hibernate vai saber onde ele terá acesso ao **tenant_id**.

Com as propriedades do Hibernate já definidas, é necessário atribuí-las ao objeto que cria a EntityManagerFactory. Para isso, veja o código da **Listagem 8.4**.

Listagem 8.4: Alteração no método entityManagerFactory().

```
public class SpringDataConfig {

    // códigos apresentados nas Listagens 8.2 e 8.3 foram omitidos

    @Bean(value = "entityManagerFactory")
    public EntityManagerFactory entityManagerFactory() {

        LocalContainerEntityManagerFactoryBean factory =
                new LocalContainerEntityManagerFactoryBean();

        HibernateJpaVendorAdapter vendorAdapter =
                new HibernateJpaVendorAdapter();
        vendorAdapter.setGenerateDdl(false);
        vendorAdapter.setShowSql(false);

        factory.setDataSource(this.dataSource);
        factory.setJpaVendorAdapter(vendorAdapter);
        factory.setPackagesToScan("com.mballem.livro.entity");
        factory.setJpaPropertyMap( multiTenancyJpaProperties() );
```

```
            factory.afterPropertiesSet();

            return factory.getObject();
        }
    }
```

As propriedades do Hibernate devem ser adicionadas ao método **setJpaPropertyMap()** do objeto **factory**. Como a configuração vai trabalhar com múltiplos bancos de dados, é necessário definir o valor do método **setGenerateDll()** como **false**. Caso seja **true**, uma exceção será lançada. Isto porque, o valor **true** vai dizer a JPA para criar ou alterar as tabelas e colunas do banco de dados, função que não é possível de ser realizada em sistemas de Multi-Tenancy com bancos de dados diferentes.

SELECIONANDO O TENANT _ ID

Com as classes **MultiTenancyDataSource** e **SpringDataConfig** já preparadas para o uso de múltiplos bancos de dados, é hora de instruir o Hibernate, juntamente ao Spring, a selecionar o banco de dados correto em cada operação.

Este passo é um pouco mais complexo e pode ter diferentes formas de ser programado. Entre elas, talvez a mais comum seja por uma instrução via URL.

Neste caso, há duas maneiras para realizar tal processo. Uma delas é por subdomínios, onde cada subdomínio faria referência a um específico **tenant_id**:

http://tenant_1.mballem.com

http://tenant_2.mballem.com

No exemplo citado, o site *mballem.com* possui os subdomínios *tenant_1* e *tenant_2*. Bastaria então, implementar uma estratégia para identificar o acesso a cada subdomínio e assim, instruir o Hibernate sobre qual banco de dados ele deveria acessar.

Outra forma de lidar com URL, seria indicando via caminho ou parâmetro qual o **tenant_id** vai ser acessado. Um exemplo dessa abordagem está descrito a seguir:

http://mballem.com/tenant_1

http://mballem.com/tenant_2

Supondo que a abordagem por caminho ou parâmetro seja a escolhida para uso, as URLs da aplicação deverão sempre possuir o **tenant_id** que será acessado. Assim, quando o usuário clicar sobre uma URL, a aplicação deverá interceptar a requisição e recuperar o **tenant_id** em questão.

Deste modo, se pode informar ao Hibernate qual o DataSource deverá ser selecionado para tal requisição antes mesmo que ela chegue ao Controller ou Servlet.

Interceptar uma requisição no Java é bastante simples, implemente uma classe do tipo **java.servlet.Filter** ou caso use o Spring MVC, estenda a classe abstrata **HandlerInterceptorAdapter** do pacote **org.springframework.web.servlet.handler**.

Como o Spring é tema deste livro, o exemplo a ser apresentado será baseado no Spring MVC. Mas, antes de abordar o interceptor, veja primeiro a classe **ContatoController**, da **Listagem 8.5**, para entender como vai funcionar as requisições.

Esta classe usa a anotação **@RequestMapping** para definir qual a URL que vai ter acesso a este controller. Observe que o valor adicionado à anotação é o seguinte: **"/{tenantId}/contato"**

Listagem 8.5: Classe ContatoController.

```
package com.mballem.livro.web.controller;

@Controller
@RequestMapping("/{tenantId}/contato")
public class ContatoController {

    // outros possíveis métodos foram omitidos

    @PostMapping("/salvar")
    public String salvar(@ModelAttribute Contato contato) {

        // código omitido

        return "redirect:/{tenantId}/contato";
    }
}
```

A primeira parte da URL, ou seja, **{tenantId}**, vai indicar que existe na requisição um parâmetro chamado **tenantId**. Este parâmetro vai conter como valor o **tenant_id** presente na URL da aplicação.

Assim, um mesmo controller poderá ser utilizado por diferentes clientes. Desta forma, o acesso ao método **salvar()** seria feito pelas seguintes URLs:

http://localhost:8080/demo/tenant_1/contato/salvar

http://localhost:8080/demo/tenant_2/contato/salvar

Veja também que o método **salvar()** tem como retorno uma instrução de **redirect** para **/{tenantId}/contato**. O **{tenantId}** neste caso vai automaticamente ser substituído pelo cliente que está acessando o controller.

Mas para isso, é necessário que o parâmetro seja adicionado como um atributo no **request** ou na **session**. Esse processo pode ser realizado na classe de interceptação, como mostra a **Listagem 8.6**.

LISTAGEM 8.6: INTERCEPTANDO REQUISIÇÕES MULTI-TENANCY.

```
package com.mballem.livro.multitenancy;

import org.springframework.beans.factory.annotation.Autowired;
import org.springframework.stereotype.Component;
import org.springframework.web.servlet.HandlerMapping;
import org.springframework.web.servlet.handler.HandlerInterceptorAdapter;
import javax.servlet.http.*;
import java.util.Map;

@Component
public class MultiTenancyInterceptor extends HandlerInterceptorAdapter {

    @Autowired
    private TenancyContext tenancyContext;

    @Override
    public boolean preHandle(HttpServletRequest req,
                             HttpServletResponse resp,
                             Object handler) throws Exception {

            Map<String, Object> map = (Map<String, Object>)
            req.getAttribute(
                    HandlerMapping.URI_TEMPLATE_VARIABLES_ATTRIBUTE
            );

        if (map.containsKey("tenantId")) {
            String id = (String) map.get("tenantId");
            req.getSession().setAttribute("tenantId", id);
            tenancyContext.setTenantId(id);
        }
        return true;
    }
}
```

Conferindo **MultiTenancyInterceptor**, observe que ela recebe a injeção de uma dependência da classe **TenancyContext** - **Listagem 8.7** - a qual foi desenvolvida para armazenar o **tenant_id** recuperado pelo interceptor e que vai ser capturado mais tarde pelo Hibernate.

Para recuperar o **tenant_id** da URL, foi utilizado o argumento **HttpServletRequest** do método **preHandle()**.

Note que no parâmetro de **req.getAttribute()** está sendo usada a variável estática **URI_TEMPLATE_VARIABLES_ATTRIBUTE**, a qual vai retornar um objeto **Map<String, Object>** contendo todos os atributos que estão presentes neste *request*.

Em seguida, um teste sobre a variável **map** é realizado para verificar se existe uma chave chamada **tenantId**.

Caso a resposta seja verdadeira, o **tenantId** é então recuperado da variável **map** e atribuído como um **String** a variável **id** .

Por fim, basta inserir **id** ao objeto da sessão que é acessível via variável **req** e em seguida no objeto **tenancyContext** via método **setTenantId()**.

É importante destacar que o interceptor deve ser registrado junto ao Spring MVC, para que o módulo Web do Spring saiba que deve executar tal classe para interceptar qualquer tipo de *request*.

O registro do *interceptor* é feito a partir do método **addIntercpetors()**, na classe de configuração do Spring MVC, como mostra o seguinte trecho de código:

```
public class SpringMvcConfig extends WebMvcConfigurerAdapter {
    @Override
    public void addInterceptors(InterceptorRegistry registry) {
        registry.addInterceptor( new MultiTenancyInterceptor() );
    }
}
```

Feito isso, o interceptor está pronto e quando uma requisição passar por este *interceptor* o atributo **tenantId** vai ser adicionado na sessão e também armazenado no objeto **tenancyContext**, o qual sua classe tem a seguinte estrutura:

LISTAGEM 8.7: CLASSE TENANCYCONTEXT.

```
import org.springframework.stereotype.Component;

@Component
public class TenancyContext {

    public static final String DEFAULT_TENANT_ID = "tenant_1";

    private ThreadLocal tenantId =
        ThreadLocal.withInitial(() -> DEFAULT_TENANT_ID);

    public void setTenantId(String tenantId) {
        this.tenantId.set(tenantId);
    }

    public String getTenantId() {
        return (String) this.tenantId.get();
    }
}
```

A classe **TenancyContext** usa uma variável do tipo **ThreadLocal** para armazenar o **tenant_id** selecionado pelo cliente. Mas, como é necessário, mesmo antes que um cliente acesse a aplicação, ter um DataSource selecionado por padrão, foi adicionado o **tenant_1** como sendo este valor padrão.

Deste modo, antes de qualquer *request* capturado pelo *interceptor*, ou caso haja um *request* sem um **tenant_id**, o DataSource que vai estar selecionado será o **dataSource1**.

Um exemplo de acesso sem um cliente selecionado seria a URL base da aplicação:

http://localhost:8080/demo/

O método **setTenantId()** já foi utilizado na classe do *interceptor* e é ele quem vai alterar o valor padrão da variável **tenantId** de **TenancyContext**.

Já o método **getTenantId()** será utilizado quando for necessário recuperar o valor armazenado pela variável. Neste caso, um local onde este recurso é aplicado pode ser visto na **Listagem 8.8**.

Listagem 8.8: Retornando o identificador do tenant.

```
package com.mballem.livro.multitenancy;

import org.hibernate.context.spi.CurrentTenantIdentifierResolver;
import org.springframework.beans.factory.annotation.Autowired;
import org.springframework.stereotype.Component;

@Component
public class MultiTenancyCurrentIdResolver implements
                                    CurrentTenantIdentifierResolver {

    @Autowired
    private TenancyContext tenancyContext;

    @Override
    public String resolveCurrentTenantIdentifier() {

        return tenancyContext.getTenantId();
    }

    @Override
    public boolean validateExistingCurrentSessions() {
        return true;
    }
}
```

Quando as propriedades do Hibernate foram configuradas na classe **SpringDataConfig**, uma dessas propriedades adicionadas foi a **MULTI_TENANT_IDENTIFIER_RESOLVER**.

É ela quem vai dizer ao Hibernate para usar uma classe do tipo **CurrentTenantIdentifierResolver** para recuperar o **tenant_id** que irá indicar qual DataSource o Hibernate deve selecionar.

E esta classe será a **MultiTenancyCurrentIdResolver** que vai precisar implementar dois métodos da interface **CurrentTenantIdentifierResolver**, que são:

- ✔ **resolveCurrentTenantIdentifier()** - será executado automaticamente logo após o *interceptor* e vai recuperar e retornar o **tenant_id** a partir do método **getTenantId()** de **TenancyContext**;
- ✔ **validateExistingCurrentSessions()** - o retorno **true** serve como um validador extra para o identificador do *tenant* durante a sessão.

Resumindo, a classe **MultiTenancyCurrentIdResolver** tem como objetivo identificar qual o cliente está sendo usado no contexto da aplicação, para em seguida retornar esta informação a outra classe, que é a **MultiTenancyDataSourceProvider**. Esta última foi adicionada como uma das propriedades do Hibernate em **SpringDataConfig**.

Então, após o método **resolveCurrentTenantIdentifier()** retornar o cliente selecionado, a classe **MultiTenancyDataSourceProvider** entra em ação para capturar este valor.

LISTAGEM 8.9: SELECIONANDO O DATASOURCE - PARTE 1.

```
package com.mballem.livro.multitenancy;

import org.hibernate.HibernateException;
import org.hibernate.engine.jdbc.connections.spi
        .AbstractDataSourceBasedMultiTenantConnectionProviderImpl;
import org.springframework.beans.factory.annotation.Autowired;
import org.springframework.stereotype.Component;
import javax.annotation.PostConstruct;
import javax.sql.DataSource;
import java.util.*;

@Component
public class MultiTenancyDataSourceProvider extends
              AbstractDataSourceBasedMultiTenantConnectionProviderImpl {
```

```
    private DataSource dataSource1;
    private DataSource dataSource2;
    private Map<String, DataSource> dataSourceMap;

    @Autowired
    public MultiTenancyDataSourceProvider(DataSource dataSource1,
                                          DataSource dataSource2) {
        this.dataSource1 = dataSource1;
        this.dataSource2 = dataSource2;
    }

    @PostConstruct
    public void load() {
        dataSourceMap = new HashMap<>();
        dataSourceMap.put("tenant_1", dataSource1);
        dataSourceMap.put("tenant_2", dataSource2);
    }

    // aqui teremos a parte 2
}
```

Como a classe **MultiTenancyDataSourceProvider** é um pouco grande, vamos analisá-la em duas partes. Na **Listagem 8.9**, a primeira parte apresenta um método construtor usado para injetar os *beans* **dataSource1** e **dataSource2**.

Estes *beans*, após serem injetados, vão ter suas instâncias adicionadas à variável **dataSourceMap**, via método **load()**. Cada *bean* será um valor de **dataSourceMap** e como chave esses valores vão corresponder a um **tenant_id**.

Desta forma, cada DataSource é vinculado ao seu específico cliente (*tenant*).

Agora, confira na segunda parte do código - **Listagem 8.10** - o processo responsável por receber o **tenant_id** de **MultiTenancyCurrentIdResolver** e selecionar o DataSource referente.

LISTAGEM 8.10: SELECIONANDO O DATASOURCE - PARTE 2.

```
@Component
public class MultiTenancyDataSourceProvider extends
             AbstractDataSourceBasedMultiTenantConnectionProviderImpl {

    // código da parte 1 omitido

    @Override
    protected DataSource selectAnyDataSource() {

        return dataSourceMap.get(TenancyContext.DEFAULT_TENANT_ID);
    }

    @Override
    protected DataSource selectDataSource(String tenantId) {

        if (!tenantId.isEmpty()) {
            return dataSourceMap.get(tenantId);
        }
        throw new HibernateException("Nenhum tenant foi selecionado!");
    }
}
```

A classe abstrata **AbstractDataSourceBasedMultiTenant ConnectionProviderImpl** exige que dois métodos sejam implementados, os quais são responsáveis por retornar o DataSource a partir do identificador do cliente, são eles:

- ✔ **selectAnyDataSource()** - usado para definir qual será o DataSource padrão da aplicação. Normalmente é invocado apenas na inicialização da aplicação;

- ✔ **selectDataSource()** - recebe como argumento o **tenant_id** atual, seja ele o padrão ou qualquer outro selecionado. Será o método que vai receber o **tenant_id** retornado pela classe **MultiTenancyCurrentIdResolver**.

Como se pode ver no código apresentado, o DataSource é recuperado em ambos os métodos a partir da chave da variável **dataSourceMap**. Desta forma, o processo se encerra com o retorno do DataSource selecionado.

A anotação **@PostConstruct** vai garantir que o método **load()** seja executado automaticamente após o término da execução do construtor. Assim, o objeto Map será carregado com os DataSources já injetados nas variáveis correspondentes.

CONCLUSÃO

Como visto neste capítulo, o sistema de Multi-Tenancy não é especificamente um recurso do Spring Data. Contudo, é perfeitamente possível utilizá-lo.

O processo de configuração sempre gera bastante dúvida para quem nunca tentou implementar este recurso. Mas é sempre bom destacar que o exemplo abordado poderia ser programado com outro tipo de lógica, principalmente em relação a interceptar a requisição e como manipular o identificador do cliente.

Infelizmente a documentação oficial do Spring Framework não traz informações sobre uso de Multi-Tenancy. Mas na documentação do Hibernate existe um capítulo sobre isso, o que sempre vale a pena usar como material de apoio.

UM POUCO MAIS SOBRE...

CAPÍTULO 9

Durante os capítulos anteriores foram abordados todos os tópicos necessários para que o leitor tenha total capacidade de trabalhar com o Spring Data JPA.

Já neste capítulo serão apresentados alguns recursos extras que podem em algum momento se tornar necessários em um projeto que esteja desenvolvendo.

DataSource via JNDI

Como já foi abordado anteriormente, o DataSource é o objeto que recebe os dados de acesso referentes a um banco de dados para realizar a conexão.

No Spring Framework é possível configurar um DataSource usando pelo menos três maneiras diferentes, que são:

1. **DriverManagerDataSource** - esta é uma classe própria do Spring que fornece recursos básicos para obter uma fonte de dados. Segundo a documentação, não é recomendada para uso em produção, apenas use em ambiente de testes ou desenvolvimento;

2. **Connection Pool** - foi a forma de acesso a banco de dados usada nas abordagens deste livro. O pool em questão foi o BoneCP, mas

existe uma variedade de bibliotecas com esse objetivo como C3PO, Apache Commons DBCP, entre outros. É uma das formas mais indicadas para criar uma conexão em ambiente de produção;

3. **Java Naming and Directory Interface** - o JNDI é uma API presente na plataforma JEE que permite ao desenvolvedor obter objetos ou recursos por meio de um nome. Ele não é um tipo de conexão a banco de dados, mas pode ser usado para recuperar um objeto de conexão e devolvê-lo à aplicação. É uma técnica tão recomendada quando um Connection Pool incluído na aplicação.

As aplicações Web em Java precisam ser executadas em um servidor de aplicações como o Apache Tomcat, JBoss AS, GlassFish, TomEE, WildFly, entre outros. E é nesse momento que podemos usar o JNDI como suporte para obter um objeto DataSource.

Mas antes de explicar como este processo com JNDI funciona é importante entender qual o objetivo de um Connection Pool. Quando uma aplicação é configurada com um *pool* de conexões, este *pool* vai gerenciar todas as etapas da conexão entre a aplicação e o banco de dados. É o pool que vai abrir, manter e fechar a conexão; gerenciar o número de usuários permitidos; gerenciar o tempo que cada conexão permanecerá aberta; vai garantir um maior desempenho nas instruções executadas contra o banco de dados; entre outras funções.

Quando o Connection Pool é o responsável por criar um objeto DataSource na aplicação, exemplo abordado no livro com o BoneCP, todo esse controle sobre as conexões parte da aplicação, mais especificamente da biblioteca referente ao pool de conexões.

Já o JNDI é uma forma de se obter um DataSource proveniente de um pool de conexões que faz parte do servidor de aplicação. Deste modo, é o servidor de aplicação que passa a controlar as conexões com o banco de dados e não mais a aplicação.

É importante ressaltar que cada servidor de aplicação possui sua própria forma de configurar uma conexão. E a biblioteca referente ao pool, em alguns servidores fica por conta do desenvolvedor escolher qual prefere usar e, em outros casos, como no Tomcat, a biblioteca já está presente (Apache Commons DBCP).

Obter um DataSource via recurso JNDI talvez tenha uma única desvantagem, que fica por conta de não haver compatibilidade entre os arquivos de configuração de cada servidor. Por exemplo, o arquivo de configuração do WildFly não é o mesmo utilizado pelo Tomcat.

O Tomcat vai ser o servidor selecionado para exemplificar uma conexão com o uso do recurso JNDI. Para isso, o primeiro passo é configurar o arquivo *context.xml*, o qual vai receber os dados necessários para a conexão com o banco de dados.

Este arquivo deve estar no diretório */webapp/META-INF* da aplicação, ou seja, no mesmo nível de diretórios da pasta *WEB-INF*. O arquivo também existe e pode ser configurado diretamente dentro dos diretórios do Tomcat (*/tomcat/conf/*) e é semelhante ao seguinte código:

```
<?xml version="1.0" encoding="UTF-8"?>
<Context>
      <Resource
            name="jdbc/hsql"
            type="javax.sql.DataSource"
            driverClassName="org.hsqldb.jdbcDriver"
            url="jdbc:hsqldb:mem:tenant_1"
            username="sa"
            password=""
            initialSize="2"
            maxTotal="8"
            minIdle="0"
            maxIdle="1" />
</Context>
```

No exemplo apresentado, veja que a tag **<Resource>** contém diversas propriedades. São nessas propriedades que os dados da conexão devem ser adicionados, veja alguns deles:

- ✔ **name** - este é o nome do recurso JNDI, o qual deverá ser informado na aplicação;
- ✔ **type** - aqui é definido o tipo de objeto que a aplicação está esperando, neste caso, o recurso JNDI vai buscar um objeto do tipo **java.sql.DataSource**;
- ✔ **driverClassName** - o nome completo da classe referente ao driver de conexão do banco de dados que será utilizado;
- ✔ **url** - a url de acesso ao banco de dados;
- ✔ **username** - o nome de usuário para acesso ao banco de dados;
- ✔ **password** - a senha de acesso ao banco de dados;
- ✔ **initialSize** - o valor dado a esta propriedade diz quantas conexões devem ser criadas na inicialização do pool;
- ✔ **maxTotal** - indica o número máximo de conexões que podem ser alocadas pelo pool simultaneamente;
- ✔ **minIdle** - representa o número mínimo de conexões que podem permanecer ociosas no pool, sem que outras sejam criadas;
- ✔ **maxIdle** - indica o número máximo de conexões que podem permanecer ociosas no pool, sem que outras sejam liberadas.

As propriedades citadas após o **password** são opcionais, existem valores padrões para cada uma delas, use apenas se desejar alterar tais valores. Essas foram incluídas apenas para mostrar que poderiam ser adicionadas à configuração e existem muitas outras além dessas que podem ser encontradas na documentação do Tomcat ou de um pool de conexões.

Agora que o arquivo *context.xml* está configurado, chegou o momento de criar o DataSource na aplicação e obter tal recurso. Este processo, quando usado junto ao Spring, é muito simples, como pode ser observado no código a seguir:

```
@Bean
public DataSource dataSource() throws NamingException {

    return new JndiTemplate()
            .lookup("java:comp/env/jdbc/hsql", DataSource.class);
}
```

O Spring fornece algumas diferentes classes para trabalhar com JNDI, uma das mais indicadas para este contexto é a **JndiTemplate**. Esta classe provê o método **lookup()** que recebe dois parâmetros.

O primeiro é do tipo **String** contendo o nome do recurso JNDI configurado no arquivo *context.xml*. Entretanto, há o prefixo **java:comp/env/** que deve ser incluído ao nome do recurso para que ele seja encontrado. Este prefixo geralmente é padrão tanto para o Tomcat como para outros servidores Web.

Já o segundo parâmetro é a declaração da classe que será o tipo de retorno localizado pelo JNDI, neste caso, um objeto do tipo **java.sql.DataSource**.

O método **lookup()** lança uma exceção do tipo **NamingException** caso não encontre o recurso, por isso, ao invocar o método é necessário tratar a exceção em um **try/catch** ou declarar na assinatura do método.

Feito isso, a aplicação estaria pronta para acessar o banco de dados usando JNDI como ponte entre o servidor e a aplicação.

Caso queira usar Multi-Tenancy desta forma, basta incluir tags adicionais, do tipo **<Resource>**, no arquivo *context.xml*. Cada **<Resource>** será referente a um diferente banco de dados e por isso, deverá ter um nome JNDI reservado para cada um deles.

Já na aplicação vai ser necessário ter um método DataSource para cada recurso JNDI que será localizado.

Populando o Banco de Dados

Algumas vezes existe a necessidade de inserir registros em tabelas do banco de dados ao inicializar uma aplicação pela primeira vez.

Isso pode ser útil principalmente em ambientes de testes e de desenvolvimento. Embora em produção não seja um processo recomendado, em alguns casos, como exemplo, inserir um usuário administrador para o sistema de autenticação da aplicação, pode acabar sendo conveniente.

O Spring Framework fornece um grupo de classes que pode ser usado para esta finalidade. Para isso, basta ter no *classpath* da aplicação os arquivos contendo as instruções em SQL para a inserção dos registros ou outras instruções referentes ao SQL que deseja executar. Só tenha muito cuidado para não perder o controle do que está sendo inserido ou alterado a partir dessas instruções, principalmente se usá-las em produção.

Veja a seguir um exemplo de código responsável por ler um ou mais arquivos e executar as instruções na inicialização da aplicação.

```
@Bean
public DataSourceInitializer dbInit(DataSource dataSource) {

    ResourceDatabasePopulator pop =
            new ResourceDatabasePopulator();

    pop.addScript(new ClassPathResource("schema.sql"));
    pop.addScript(new ClassPathResource("data.sql"));
    pop.setSqlScriptEncoding("UTF-8");
    pop.setIgnoreFailedDrops(true);
    pop.setSeparator(";");
```

```
        DataSourceInitializer dataSourceInitializer =
                new DataSourceInitializer();

        dataSourceInitializer.setDataSource(dataSource);
        dataSourceInitializer.setDatabasePopulator(pop);

        return dataSourceInitializer;
    }
```

Analisando o código, observe primeiro que o método **dbInit()** é um *bean* gerenciado pelo Spring. É importante que ele seja um *bean* para que o Spring o inicialize logo que a aplicação seja executada. E como argumento o **dbInit()** tem um *bean* do tipo DataSource.

Agora, vejamos um pouco mais o que acontece internamente neste método:

- ✔ **ResourceDatabasePopulator** - esta classe é responsável por receber as instruções usadas durante o carregamento e execução do *scrpit* SQL;
- ✔ **addScript()** - método que recebe como instrução o nome do arquivo SQL que vai ser carregado. O parâmetro esperado pelo método é do tipo **Resource**. Assim, uma subclasse de **Resource** que pode ser utilizada, neste caso, **ClassPathResource**, a qual vai buscar o arquivo diretamente no *classpath* da aplicação. A interface **Resource** e a classe **ClassPathResource** estão presentes no pacote **org.springframework.core.io**;
- ✔ **setSqlScriptEnconding()** - tem como função especificar a codificação (encoding) do arquivo SQL. Por padrão, se não usado, a codificação será a mesma utilizada na aplicação;
- ✔ **setIgnoreFailedDrops()** - é um sinalizador que indica se uma instrução SQL com erros pode ser ignorada ou não. Isso é útil para bancos de dados que não suportam, por exemplo, uma cláusula como o **if exists**. Se o valor for **true**, o erro será ignorado, se for **false** uma exceção será lançada. O valor padrão é **false**;

- ✔ **setSeparator()** - tem como função especificar o caractere que será usado como separador entre as instruções SQL;
- ✔ **DataSourceInitializer** - a função desta classe é executar as ações configuradas em **ResourceDatabasePopulator** na fonte de dados referente ao **DataSource** corrente;
- ✔ **setDataSource()** - adicione como parâmetro deste método o objeto **DataSource** gerenciado pelo Spring para realizar a conexão com o banco de dados;
- ✔ **setDatabasePopulator()** - deve receber como parâmetro o objeto **ResourceDatabasePopulator**.

A partir das instruções apresentadas, o método **dbInit()** será capaz de carregar o arquivo SQL e executar as instruções no banco de dados.

As classes **ResourceDatabasePopulator** e **DataSourceInitializer** possuem alguns métodos a mais que não foram destacados, mas que podem ser perfeitamente estudados a partir da documentação.

PAGINAÇÃO DE DADOS NO BACK-END

Durante o capítulo sobre repositórios, foi abordado o recurso de paginação fornecido pelo Spring Data JPA. Entretando, o que foi apresentado não demonstrou este recurso sendo utilizado em uma tabela real, que, com certeza, é onde você gostaria de aplicá-lo.

Existem diversas formas de trabalhar com tabelas de dados, onde o programador pode criar todo o contexto que envolve a tabela ou pode usar alguma biblioteca em JavaScript como jQuery Datatable ou uma implementação um pouco mais sofisticada como Dandelion Datatable.

De qualquer forma, independente do tipo de tabela que será utilizada, é preciso definir como será realizado o fluxo de dados entre a aplicação (*back-end*) e a tabela na página (*front-end*).

Este fluxo pode ser baseado em requisições simples, onde cada página da tabela vai exigir uma atualização completa da JSP e uma nova requisição para cada consulta referente à página da tabela que está sendo exibida.

Outra opção é usar JavaScript para paginar os dados já retornados por uma consulta. Deste modo, a consulta retornaria todas as entidades e o JavaScript paginaria essas entidades sem a necessidade de atualizar a JSP por completa, apenas a tabela seria atualizada. Porém, é uma técnica ruim quando se tem uma grande quantidade de entidades no banco de dados. E por outro lado, não seria necessário trabalhar com o sistema de paginação do Spring Data JPA neste contexto.

Por fim, um recurso bastante indicado e utilizado atualmente é o Ajax. Com o Ajax é totalmente possível atualizar apenas a tabela a cada página visualizada e executando uma consulta nova para cada grupo de entidades que deve ser retornado para esta visualização. E nesse contexto, o Spring Data JPA se torna um forte aliado.

Como exemplo, neste capítulo será utilizado o Dandelion Datatable. Este é um framework baseado na jQuery Datatable, mas que elimina a necessidade de JavaScript no lado cliente. E no lado servidor já fornece objetos espcíficos para a manipulação dos dados enviados e recebidos da tabela.

A aparência da tabela na JSP será mais ou menos como a exibida na figura 9.1.

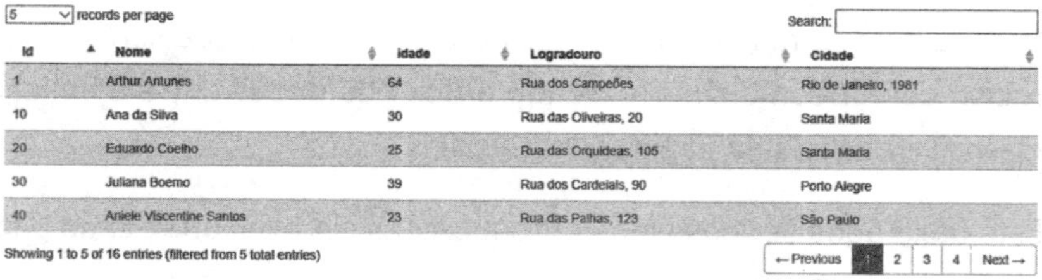

Figura 9.1: Dandelion Datatable.

Observe que a tabela, além das linhas e colunas, possui um campo para busca (topo superior direito), um campo para selecionar a quantidade de linhas que serão exibidas por página (topo superior esquerdo), os botões de paginação (base inferior direita) e à direita do nome de cada coluna há duas setas para a ordenação das linhas.

É importante destacar os recursos da tabela, porque eles são altamente utilizáveis junto às consultas que são realizadas pelo Spring Data JPA. Veremos mais sobre eles em um momento mais apropriado.

Para adicionar o Dandelion em um projeto Spring é necessário incluir duas dependências no arquivo *pom.xml* do Maven, que são:

```
<!-- Dandelion datatable -->
<dependency>
        <groupId>com.github.dandelion</groupId>
        <artifactId>datatables-jsp</artifactId>
        <version>0.10.1</version>
</dependency>
<dependency>
        <groupId>com.github.dandelion</groupId>
        <artifactId>datatables-spring3</artifactId>
        <version>0.10.1</version>
</dependency>
```

Outra dependência exigida é a Jackson, para o Spring MVC se comunicar com o Dandelion via recurso JSON, realizando automaticamente a conversão dos objetos Java em JSON e vice-versa:

```
<!-- Jackson -->
<dependency>
        <groupId>com.fasterxml.jackson.core</groupId>
        <artifactId>jackson-databind</artifactId>
        <version>2.8.6</version>
</dependency>
```

Agora, veja como utilizar o Dandelion na JSP. Primeiramente deve incluir na página a taglib que vai fornecer os recursos da tabela:

```
<%@ taglib uri="http://github.com/dandelion/datatables" prefix="datatables" %>
```

A partir do prefixo **datatables** se tem acesso aos componentes que são utilizados para montar a tabela, como pode ser visto no código a seguir:

```
<datatables:table id="myTable" url="/contato/dandelion" lengthMenu="5,10"
                                                         displayLength="5"

processing="true" serverSide="true"
       theme="bootstrap3" cssClass="table table-striped">
    <datatables:column title="Id" property="id" />
    <datatables:column title="Nome" property="nome"  />
    <datatables:column title="Idade" property="idade" />
    <datatables:column title="Logradouro" property="endereco.logradouro"/>
    <datatables:column title="Cidade" property="endereco.cidade" />
</datatables:table>
```

Veja que a tag raiz **<datatables:table>** tem como objetivo criar a tabela e também definir algumas configurações importantes como:

- ✔ **id** - identificador da tabela no código HTML;
- ✔ **url** - recebe a url de acesso ao método do controller que vai realizar as consultas;
- ✔ **lengthMenu** - configura a quantidade máxima de linhas a exibir na tabela;
- ✔ **displayLenght** - indica a quantidade inicial de linhas da tabela;

- ✔ **processing** - ao paginar ou localizar linhas pelo campo de busca, esta propriedade setada como **true** vai exibir uma mensagem de *loading*;
- ✔ **serverSide** - habilita a paginação em modo servidor (*back-end*);
- ✔ **theme** - especifica o tema de exibição da tabela;
- ✔ **cssClass** - indica o css referente ao tema de exibição selecionado;

Já a tag **<datatables:column>** tem como objetivo definir as colunas da tabela. Nesta tag, foram adicionadas as seguintes propriedades:

- ✔ **title** - título que será exibido na coluna;
- ✔ **property** - esta propriedade recebe da consulta o valor que será exibido na coluna. Deve-se usar aqui o nome do atributo da classe de entidade referente à coluna. Quando o atributo for proveniente de um relacionamento, navegue no atributo principal (**endereco**) até alcançar o atributo com o valor que será exibido (**cidade**) pela coluna.

Além das propriedades citadas para a tabela e para as colunas, existem algumas outras propriedades que poderiam ser usadas, as quais estão descritas na documentação do Dandelion Datatable.

Para o lado cliente de um projeto, as informações demonstradas são suficientes. Agora, é preciso pensar no lado servidor, o qual vai precisar também receber algumas configurações para habilitar o uso do Dandelion junto ao Spring MVC.

O primeiro passo é registrar o Servlet responsável pelo Dandelion, como também, um filtro. Este processo pode ser realizado no arquivo *web.xml* ou na classe de configuração programática do Spring.

Como durante todo o livro a abordagem foi por configuração programática, assim será o exemplo apresentado a seguir:

```
public class SpringInitializer implements WebApplicationInitializer {

    @Override
    public void onStartup(ServletContext servletContext)
                                                throws ServletException {

        //códigos não ligados ao Dandelion foram omitidos

        ServletRegistration.Dynamic dandelionServlet = servletContext
            .addServlet("dandelionServlet", DandelionServlet.class);

        dandelionServlet.setLoadOnStartup(2);
        dandelionServlet.addMapping("/dandelion-assets/*");

        FilterRegistration.Dynamic dandelionFilter = servletContext
            .addFilter("dandelionFilter", new DandelionFilter());

        dandelionFilter.addMappingForUrlPatterns(null, true, "/*");

    }
}
```

Com o servlet e o filtro devidamente registrados no contexto da aplicação, agora é preciso informar ao Spring MVC qual classe do Dandelion ele deve gerenciar para lidar com os objetos da tabela. E este processo é feito da seguinte forma:

```
public class SpringMvcConfig extends WebMvcConfigurerAdapter {

    @Override
    public void addArgumentResolvers(
                List<HandlerMethodArgumentResolver> aResolvers) {

        aResolvers.add(
            new DatatablesCriteriasMethodArgumentResolver()
        );
    }
}
```

A classe **WebMvcConfigurerAdapter**, do Spring MVC, fornece o método **addArgumentResolvers()**, o qual é usado para incluir a classe do Dandelion que lida com os objetos que vão transitar entre o lado cliente e servidor da aplicação. Neste caso, a classe em questão é **DatatablesCriteriasMethodArgumentResolvers**.

Com isso, o processo de configuração do Dandelion junto ao Spring está concluído, então, chegou o momento de verificar como lidar com o lado servidor da aplicação que recebe as requisições, realizar as consultas e gerar as respostas.

Vamos supor que em um projeto temos a classe **ContatoController** e nela um método qualquer que lida com as requisições e repostas referentes à tabela.

```
@Controller
public class ContatoController {

    @Autowired
    private ContatoService service;

    @GetMapping("/contato/dandelion")
    public @ResponseBody DatatablesResponse<Contato> contatos(
                    @DatatablesParams DatatablesCriterias criterias ) {

        DataSet<Contato> dataSet =
            new ContatoDatatable(criterias, service).execute();

        return DatatablesResponse.build(dataSet, criterias);
    }
}
```

Analisando o método **contatos()**, da classe **ContatoController**, observe que ele tem como argumento a anotação **@DatatablesParams**.

Esta anotação vai indicar ao Spring que ele deve injetar neste método um objeto do tipo **DatatablesCriterias**. O Spring conhece este objeto a partir da configuração do método **addArgumentResolvers()** anteriormente abordado.

Então, é por meio do **DatatablesCriterias** que os dados da tabela vão circular entre o *front-end* e o *back-end*. Mas **contatos()** ainda têm outros pontos a serem observados, como a URL de acesso.

Se você está lembrado, no código-fonte da tabela, havia a propriedade **url** e nela existia uma URL, a qual redireciona para o método **contatos()**. Portanto, a anotação **@GetMapping**, de **contatos()**, deverá conter a mesma instrução da propriedade **url** da tabela.

O método ainda é anotado com **@ResponseBody**. Esta anotação é proveniente do Spring e serve para o processamento de respostas em solicitações do tipo Ajax.

Por fim, vamos analisar o código interno de **contatos()**, onde há duas instruções. A primeira é uma instância da classe **ContatoDatatable** e uma chamada ao método **execute()** da mesma classe.

Esta classe vai receber os dados referentes à tabela, tais como, ordenação, filtro, número da página, quantidade de linhas por páginas entre outras. E a partir dessas informações, executar a consulta.

Já a instrução de retorno vai adicionar na resposta da solicitação o objeto **DatatablesResponse** contendo outros dois objetos:

- ✔ **dataSet** - contém os dados de retorno da consulta. Esses dados são compostos pela lista de entidades, total de linhas da página e total de entidades no banco de dados;
- ✔ **criterias** - devolve o objeto que anteriormente foi recebido na solicitação. Este objeto não sofre qualquer alteração no servidor.

Quando a classe **ContatoDatatable** foi instanciada, o método construtor recebeu dois parâmetros, o **criterias** e o **service**. O **criterias** tem como função recuperar as informações que vêm da tabela para executarmos as consultas. Já o **service** é para que se tenha acesso a uma instância de **ContatoService** dentro de **ContatoDatatable**.

Vamos então, analisar o código por partes para ficar mais fácil de entender o que foi feito nesta classe.

```
public class ContatoDatatable {

    private ContatoService service;
    private Sort sort;

    private int start;
    private int size;
    private String filter;

    public ContatoDatatable(DatatablesCriterias criterias,
                            ContatoService service) {

        this.service = service;
        this.size = criterias.getDisplaySize();
        this.start = getStart(criterias);
        this.sort = getSort(criterias);
        this.filter = getFilter(criterias);
    }

    //demais métodos serão adicionados aqui

}
```

O código-fonte apresentado possui alguns atributos que são inicializados a partir do método construtor.

Analisando essas inicializaçãoes, temos a variável **service** atribuída de uma instância de **ContatoService** recebida como parâmetro no construtor.

Já a variável **size** vai armazenar o númeto de linhas que serão apresentadas em cada página da tabela. Essa informação é obtida pelo método **getDisplaySize()** do parâmetro **criterias**.

As demais variáveis precisam usar um pouco mais de lógica para a inicialização, por conta disso, os processos foram divididos em métodos, os quais serão apresentados a seguir.

```
private int getStart(DatatablesCriterias criterias) {

    if (criterias.getDisplayStart() == 0) {
        return 0;
    }

    return criterias.getDisplayStart() / criterias.getDisplaySize();
}
```

O primeiro deles é o **getStart()**, o qual tem como obetivo definir a página que será exibida na tabela. Mas para isso é importante saber como o Dandelion processa esse recurso.

Suponha que a página inicial tenha 5 linhas. O Dandelion conta as linhas de 0 - 4. Então, ele credita a primeira página com o valor da primeira linha que é 0.

Ao paginar a tabela para a página 2, ele vai ter nesta segunda página as linhas de 5 - 9. Então, ele credita à segunda página o valor da primeira linha que é 5. A terceira página seria 10, a quarta 15 e assim consecutivamente.

Porém, o Spring Data JPA pagina os resultados um a um, mas sempre iniciando em zero. Ou seja, a página 1 terá valor 0, a página 2 terá valor 1 e assim por diante.

Por conta disso, é preciso manipular o número da página recuperado da tabela. A forma mais simples é dividir o número da página pelo número de linhas que será exibido na tabela. Assim, se a tabela tem 5 linhas, teríamos: (0 / 5) = 0; (5 / 5) = 1; (10 / 5) = 2; (15 / 5) = 3;

Então, os valores resultantes da divisão são exatamente os necessários para definir a página em uma consulta no Spring Data JPA.

O próximo método é o **getSort()**, o qual vai definir a ordenação da consulta.

```
private Sort getSort(DatatablesCriterias criterias) {

    String order= "";
    String orderByFiled = "";

    for (ColumnDef c : criterias.getSortingColumnDefs()) {
        order = c.getSortDirection().name();
        orderByFiled = c.getName();
    }

    return new Sort(new Sort.Order(
                    Sort.Direction.fromString(order),
                    orderByFiled));
}
```

As colunas do Dandelion são registradas em uma lista acessível pelo método **getSortingColumnDefs()** do objeto **criterias**. Desta forma, é possível recuperar o nome da coluna e a direção que ela está ordenada. E, então, inserir os valores recuperados no objeto **Sort** do Spring Data.

Quando a lista de colunas é percorrida, a coluna selecionada vai retornar seu nome para a variável local **orderByField** via método **getName()**. E a direção será atribuída à variável local **order**, via método **getSortDirection().name()**. Feito isso, basta incluir os valores recuperados ao objeto **Sort** que já foi estudado no capítulo 4. É importante destacar que a primeira coluna da tabela será a coluna padrão de ordenação e a ordem é do tipo ascendente (a - z). Esse valor só será alterado caso o usuário clique sobre o nome de outra coluna na tabela ou nas setas de ordenação.

Por fim, basta inicializar o atributo **filter** via método **getFilter()**. Este atributo deve receber o valor digitado no campo de busca que fica localizado no canto superior direito da tabela.

```
private String getFilter(DatatablesCriterias criterias) {

    return (criterias.getSearch().isEmpty())
                    ? ""
                    : criterias.getSearch();
}
```

Entretanto, algumas vezes, nenhum valor será digitado, então, o atributo é inicializado como vazio. Caso haja um valor digitado no campo, o método **getSearch()**, do objeto **criterias**, vai retorná-lo.

Este campo de busca analisa todas as colunas da tabela, ou seja, se você digitar a letra "A" ele vai localizar todas as colunas que tenham a letra "A" como parte do valor. É importante saber disso para montar a consulta corretamente. O que veremos mais a frente.

O fluxo de execução do método construtor termina após executar o método **getFilter()**, desta forma, a próxima execução será do método **execute()** invocado ainda na classe **ContatoController** após a instância de **ContatoDatatable**.

```
public DataSet<Contato> execute() {

    Page<Contato> page = query();

    Long totalItensPagina = (long) page.getNumberOfElements();
    Long totalGeral = page.getTotalElements();

    return new DataSet<Contato>(
                     page.getContent(),
                     totalItensPagina,
                     totalGeral);
}
```

A primeira instrução do método **execute()** é uma chamada ao método **query()** que deve retornar um objeto do tipo **Page**. Em seguida, duas variáveis locais são inicializadas com valores provenientes do objeto **page**.

A **totalItensPagina** recebe a quantidade de entidades retornadas pela consulta. Já **totalGeral** recebe a quantidade total de entidades armazenadas no banco de dados.

Esses valores são importantes para o Dandelion lidar com o sistema de paginação lá no lado cliente.

E, finalmente, o método tem definido seu objeto de retorno que é um **DataSet**. Esse objeto é retornado com três valore inclusos:

1. A lista contendo as entidades retornadas pela consulta;
2. O total de elementos que a página da tabela vai exibir;
3. A quantidade total de entidades que existe na tabela do banco de dados.

Agora sim, podemos analisar o método **query()** calmamente. Este método vai selecionar uma consulta em três existentes. Isto porque, pode existir uma consulta sem o uso do campo de busca e outras duas que seriam resultantes do campo de busca.

O campo de busca pode resultar duas consultas porque a tabela tem a coluna **idade**, que na classe de entidade é tipo **Integer** e não **String**.

As demais colunas, são do tipo texto, então, nas entidades são equivalentes a **String**. Isto faz diferença no momento de executar a consulta, então é preciso testar se o valor digitado no campo é um inteiro ou não.

```
private Page<Contato> query() {

    if (!filter.isEmpty()) {

        if (filter.matches("[0-9]+")) {

            Integer iFilter = Integer.valueOf(filter);
            return service.filterByIdade(start, size, sort, iFilter);
        }

        String sFilter = filter.toUpperCase();
        return service.filter(start, size, sort, sFilter);
    }

    return service.paginar(start, size, sort);
}
```

Esse teste pode ser realizado via expressão regular, conforme mostrado no código-fonte. Mas antes de testar se o valor é um **Integer** ou **String**, é preciso verificar se o campo de busca está ou não vazio. Caso esteja vazio, o método **paginar()** da classe **ContatoService** será invocado. Esse método recebe três parâmetros que são: o número da página (**start**), a quantidade de resultados a ser retornada (**size**) e a ordenação (**sort**).

```
public Page<Contato> paginar(int start, int size, Sort sort) {

    Pageable pageable = new PageRequest(start , size, sort);
    return repository.findAll(pageable);
}
```

Já no repositório, o método que vai executar a consulta é o **findAll()** da interface **PagingAndSortingRepository**.

Porém, caso o campo de busca não esteja vazio, uma entre duas possibilidades de consultas pode ser selecionada. Caso o valor do filtro de busca seja um inteiro, uma chamada ao método **filterByIdade()**, também de **ContatoService**, será realizada.

```
public Page<Contato> filterByIdade(int start, int size,
                                   Sort sort, Integer idade) {

    Pageable pageable = new PageRequest(start, size, sort);
    return repository.findByIdade(idade, pageable);
}
```

Veja que o código do método tem uma lista com quatro argumentos. Entre eles, três já foram citados na consulta **paginar()**, o quarto é o valor do filtro que representa a idade digitada pelo usuário.

E a consulta a ser executada é a **findByIdade()** da interface **ContatoRepository**, a qual é realizada pelo conceito de palavras-chaves:

```
Page<Contato> findByIdade(Integer idade, Pageable pageable);
```

Por fim, caso o filtro seja do tipo texto, o método a ser invocado em **ContatoService** é o **filter()**. Este método também tem quatro argumentos, porém um **String** ao invés de um **Integer**.

```
public Page<Contato> paginar(int start, int size, Sort sort,
                             String sFilter) {

    Pageable pageable = new PageRequest(start, size, sort);
    return repository.findByFiltros(sFilter, pageable);
}
```

Como o parâmetro será do tipo **String**, a busca vai ser realizada pelo nome, logradouro ou cidade. Como mostra a consulta **findByFiltros()** do repositório:

```
@Query("select c from Contato c "
          + "where UPPER(c.nome) like ?1% "
          + "or UPPER(c.endereco.logradouro )like ?1% "
          + "or UPPER(c.endereco.cidade) like ?1%")
Page<Contato> findByFiltros(String sFilter, Pageable pageable);
```

Com isso, todos os processos que envolvem a paginação via Dandelion e Spring Data JPA estão concluídos.

EVITANDO A LAZYINITIALIZATIONEXCEPTION

No mundo da programação Java existem diversos tipos de exceções e talvez o mais comum deles seja o **NullPointerException**. Porém, quando se trabalha com um framework ORM, como o Hibernate, outra exceção se torna bastante comum.

Esta exceção é a **LazyInitializationException** e ocorre em consultas sobre entidades que têm pelo menos um atributo mapeado como **@OneToMany** ou **@ManyToMany**. Em um relacionamento deste tipo, por padrão, estas anotações têm um esquema de busca chamado *Lazy*. Há também um segundo tipo nomeado como *Eager* que pode substituir o *Lazy*, mas existe um forte motivo para não usá-lo nessas anotações.

Para entender melhor, vejamos no seguinte exemplo como uma consulta se comportaria.

```
@Entity
public class Contato {

    @OneToMany(fetch = FetchType.EAGER)
    private List<Telefone> fones;

}
```

Como pode ser visto, o mapeamento do atributo **fones** é um **@OneToMany**, o qual teve o esquema padrão alterado para **EAGER**. Isso significa que qualquer consulta realizada sobre a entidade **Contato**, vai trazer toda a lista de telefones referente ao tal contato, e dependendo do tamanho da lista de telefones poderá haver perda significante de desempenho do servidor, já que muitos objetos serão carregados e um alto consumo de memória seria utilizado.

Por este motivo, o padrão dessas anotações é o **LAZY**, o qual só vai retornar a lista de telefones quando ela realmente for usada. Neste caso, seria necessário invocar o método **getFones()** para então se obter o retorno da lista.

```
@Entity
public class Contato {

    @OneToMany(fetch = FetchType.LAZY)
    private List<Telefone> fones;

}
```

Entretanto, o **getFones()** precisa ter acesso à mesma transação usada pela entidade **Contato**. Isso porque, uma segunda consulta seria realizada para buscar a lista de telefones quando este método fosse invocado. Assim, o impacto sobre o servidor não é tão grande, economizando recursos. Porém, a consulta sobre a entidade **Contato**, em uma aplicação Web, teria a transação já encerrada com o banco de dados antes mesmo dos registros serem exibidos na página.

Dessa forma, se na página existisse uma chamada ao método **getFones()**, a exceção seria lançada, devido a não existir mais a transação para realizar a consulta pela lista de telefones.

```
org.hibernate.LazyInitializationException: failed to lazily
initialize a collection of role: com.mballem.Contato.fones,
no session or session was closed.
```

Para resolver esse problema existe um padrão denominado *OpenSessionView*, que mantém a transação aberta enquanto durar a solicitação (**HttpRequest**) do usuário. Para isso, é necessário criar um filtro na sua aplicação que gerencie esse processo, o qual pode ser um tanto complicado.

Mas se você usa o Spring, a lógica do filtro já está implementada para você. É preciso apenas declarar o filtro para informar ao Spring que deseja usá-lo. Essa declaração pode ser via arquivo *web.xml* ou de forma programática. Veja no exemplo apresentado.

```
public class SpringInitializer implements WebApplicationInitializer {

    @Override
    public void onStartup(ServletContext servletContext)
                                        throws ServletException {

        // outros filtros e configurações

        FilterRegistration.Dynamic inViewFilter = servletContext
            .addFilter("Spring OpenEntityManagerInViewFilter",
                    new OpenEntityManagerInViewFilter());

        inViewFilter.setAsyncSupported(Boolean.TRUE);
        inViewFilter.addMappingForUrlPatterns(null, true, "/*");
    }
}
```

No objeto **servletContext** temos o método **addFilter()**. Neste método devem ser adicionados dois parâmentros. O primeiro é o nome do filtro usado pelo Spring e o segundo é uma instância da classe que contém a lógica que vai gerenciar todo o processo.

Já o método **setAsyncSupported()** deve ser configurado como **true**, para suporte a operações assíncronas.

E o método **addMappingForUrlPatterns()** possui três parâmetros. O primeiro tem como padrão o **DispatcherType.REQUEST** e para usá-lo basta adicionar o valor como **null**. O segundo parâmetro indica se o filtro será executado antes (**false**) ou depois de (**true**) qualquer outro filtro declarado no **servletContext**. Por fim, o último parâmentro serve para informar ao filtro qual o padrão de URL que ele deve observar.

Com essa configuração, já é possível ficar livre de exceções do tipo **LazyInitializationException**.

CONCLUSÃO

Neste capítulo foram apresentadas algumas dicas adicionais sobre outros recursos que a qualquer momento podem vir a se tornar úteis.

Como citado, conexões com o auxílio de JNDI são bastante indicadas quando se trabalha com servidores Web. Caso decida não usar JNDI, a segunda opção seria adicionar e configurar um pool de conexões.

Popular um banco de dados na inicialização da aplicação é um recurso bem interessante, principalmente em fases de testes e de desenvolvimento.

Trabalhar com tabelas de dados e Ajax no lado servidor é algo que gera bastante dificuldade para programadores iniciantes. Por isso, o uso de alguma biblioteca ou framework pode sempre ser belo aliado. O Dandelion, por exemplo, tem muitos outros recursos além dos apresentados, vale apena buscar mais informações sobre ele.

Não deixe de usar o filtro *OpenSessionView* para evitar o problema com exceções em mapeamentos do tipo para muitos (*ToMany*) configurados como *Lazy*.

CONSIDERAÇÕES FINAIS

Se você está lendo este capítulo, acredito que deva ter passado por todos os outros. E como citado no início desse livro, esta obra não abordaria o desenvolvimento de uma aplicação em formato passo a passo, mas apresentou ao leitor os recursos oferecidos pelo Spring Data JPA.

Como prêmio para você, que chegou até aqui, vou disponibilizar em meu GitHub pessoal um pequeno projeto que utiliza o Spring Framework, Spring Data JPA, Spring Security, Multi-Tenancy e Dandelion Datatable.

Assim, você poderá realizar o download ou clonar o projeto para ver esses recursos configurados e funcionando todos juntos, para então sanar qualquer dúvida prática que tenha ficado pendente durante sua leitura.

`https://github.com/mballem/livro-spring-demo`

Obrigado e sucesso!

REFERÊNCIAS PARA ESTUDO COMPLEMENTAR

- ✔ Página oficial dos projetos Spring

  https://spring.io/

- ✔ Documentação de Referência do SpringData JPA

  http://docs.spring.io/springdata/jpa/docs/1.11.1.RELEASE/reference/html/

- ✔ Documentação de Referência do SpringFramework

  http://docs.spring.io/spring/docs/current/springframework-reference/htmlsingle/

- ✔ Ducumentação JSR-317

  http://download.oracle.com/otndocs/jcp/persistence-2.0-fr-oth-JSpec/

- ✔ Using the Criteria API to Create Queries

  http://docs.oracle.com/javaee/6/tutorial/doc/gjitv.html

- ✔ Documentação de Referência do Hibernate

  http://docs.jboss.org/hibernate/orm/current/quickstart/html_single/

- ✔ **Documentação do Hibernate para Multi-Tenancy**

  https://docs.jboss.org/hibernate/orm/4.2/devguide/en-US/html/ch16.html

- ✔ **Apache Maven Project**

  https://maven.apache.org/

- ✔ **Apache Tomcat 8 - JNDI Resources**

  https://tomcat.apache.org/tomcat-8.5-doc/jndi-resources-howto.html#JDBC_Data_Sources

- ✔ **BoneCP**

  http://jolbox.com/

- ✔ **Apache Commons DBCP**

  https://commons.apache.org/proper/commons-dbcp/

- ✔ **Connection Pool C3P0**

  http://www.mchange.com/projects/c3p0/

- ✔ **Dandelion Datatables**

  http://dandelion.github.io/

Impressão e acabamento
Gráfica da Editora Ciência Moderna Ltda.
Tel: (21) 2201-6662